KB028326

운명을 디자인하라

운명을 디자인하라

초판 1쇄 인쇄   2024년 9월 5일
초판 1쇄 발행   2024년 9월 12일

지은이   캄레시 파텔
옮긴이   한국하트풀니스명상협회
감수자   문진희
펴낸이   장건태, 황은희
책임 편집   솔림
디자인   Vita Deva
제작   제이오

펴낸곳   마이트리
주소   경기도 파주시 돌곶이길 170-2(10883)
등록   2018년 10월 4일 (제406-2018-000114호)
전화   031-955-9790
팩스   031-955-9796
전자우편   info@suobooks.com
홈페이지   www.suobooks.com
ISBN   979-11-93238-37-0   03180   책값은 뒤표지에 있습니다.

ⓒ 캄레시 파텔
이 책은 저작권법에 따라 보호받는 저작물이므로 무단전재와 복제를 금합니다.
이 책 내용의 전부 또는 일부를 사용하려면 반드시 저작권자와 마이트리에게
서면동의를 받아야 합니다.

마이트리(maitri)는 산스크리트어 미트라(mitra)에서 유래한 말로 진실한 우정을 뜻합니다.
사랑과 자비의 마음을 담은 책을 펴내고자 합니다.

운명을 디자인하라

캄레시 파텔 지음

한국하트풀니스명상협회 옮김

문진희 감수

DESIGNING
DESTINY

마이트리

DESIGNING DESTINY
Copyright©Kamlesh D. Patel
Originally published in 2019 by Hay House Inc.

Korean translation copyright©2024 by Suobooks
Korean translation rights arranged with Hay House UK Ltd.
through EYA Co.,Ltd.

이 책의 한국어판 저작권은 EYA Co.,Ltd를 통해
Hay House UK Ltd와 독점 계약한 마이트리(수오서재)가 소유합니다.
저작권법에 따라 한국 내에서 보호를 받는 저작물이므로
무단 전재와 복제를 금합니다.

당신 자신이
실험 자체이고 실험자며,
결과입니다.

모든 진실한 실험자에게
이 책을 바칩니다.

우리 삶의 경로에서
운명은 무엇을 의미하는가?
바꿀 수 없는 것은 무엇이고
바꿀 수 있는 것은 무엇인가?
우리 자신의 운명을
어떻게 디자인할 수 있는가?

차례

1
서론

1. 운명, 숙명, 자유의지

내 마음은 항상 진화와 운명에 사로잡혀 있었다. 내 인생에는 삶의 전환기를 맞은 결정적 순간들이 있었고, 그때 내린 결정은 나를 지금의 길로 가도록 이끌었다. 그 결정적 순간 중 하나는 1976년, 그러니까 내가 열아홉 살이던 해였다.

어느 날 명상 중인 나를 보고 대학 친구가 퉁명스럽게 물었다.

"뭐하냐? 왜 눈을 감고 시간을 낭비하고 있는 거야? 넌 명상하려 할 때마다 늘 산만하더라."

나는 말했다.

"음… 난 최선을 다하고 있긴 한데, 나도 어떻게 해야 할지 모르겠어."

친구가 말했다.

"내가 아는 분을 소개해줄게. 그분이 네가 곧장 트랜스 상태에 놓이도록 도와주실 거야."

친구의 말에 귀가 솔깃해진 나는 "좋아, 가자"라고 대답했다.

친구는 나를 어느 평범해 보이는 40대 여성에게 데려갔다. 그녀는 내게 물었다.

"왜 명상을 하고 싶나요?"

나는 이렇게 대답했다.

"제 타고난 욕망입니다. 명상하고 싶습니다. 스와미 비베카난다Swami Vivekananda처럼 인도 전역을 여행하고 싶어요. 저는 스와미 비베카난다같이 되길 원해요. 신을 깨닫고 싶습니다."

그녀가 말했다.

"제 인도자Guide께서는 신은 어디에나 있다고 말씀하십니다. 신은 모든 곳에 계시니 당신이 있는 그곳에서 찾으면 됩니다."

나는 계속 말했다.

"출가해서 사라지고 싶습니다. 결혼하고 싶지 않아요."

그녀가 이렇게 답했다.

"신은 하나의 성으로도 충분한데 남녀 두 성을 만드는 바보가 아닙니다. 결혼에는 목적이 있어요."

그녀는 이런 식으로 내가 꼭 붙들고 있던 몇 가지 근본 신념에 반박한 뒤 말을 이었다.

"지금은 이것을 더는 논하지 맙시다. 제가 트랜스미션transmission으로 당신이 하트풀니스 시스템에 입문하도록 도울게요."

여기서 내가 말한 신이란 무엇인지, 그녀가 말한 인도자가 누구인지 궁금할지도 모른다. 신의 의미는 사람마다 다르다. 그 시절의 내게 신은 정의할 수 있는 존재가 아니었다. 신은 어떤 성질qualities을 초월하는 존재이기 때문이다. 설명이 가능하거나 정의할 수 있는 모든 것에는 성질이 있다. 비록 신은 성질의 세계 안에 존재하지만, 진정 신의 영역은 언어적 정의를 초월하는 무無다. 그와 같은 본질을 부르는 수많은 이름이 있다. 근원, 창조자, 하느님, 절대자, 주님 그리고 신성Divinity이 그것이다.

그녀가 말한 인도자는 구루 혹은 스승(마스터master)으로 알려진 영적 존재다. 모든 학문 분야에서 좋은 선생이 학생을 안내하듯, 이 인도자는 영성을 추구하는 제자와 함께하며 이들을 안내하는 스승이다. 그 안내는 트랜스미션이라 불리는 특별한 정수의 지원으로 이뤄진다. 당신은 이 책 전반에서 하트풀니스 전통 스승들의 이야기를 더 듣는 것은 물론, 트랜스미션도 이해하게 될 것이다.

무엇보다 명상 세션은 내 인생에서 가장 놀라운 경험이었다. 그것은 굉장히 심오했고 이로써 이 시스템이 내게 적합함을 알 수 있었다. 나는 '이 시스템의 트레이너가 트랜스미션을 이 정도로 할 수 있다면 인도자는 어떠할까?'라고 생각했다.

그 인도자는 람 찬드라Ram Chandra로 인도 샤자한푸르 사람이었다. 나는 그를 만나고 싶었지만 기다려야 했다. 그로부터 거의 1년 뒤인 1977년 여름 방학이 되어서야 나는 그를 만날 수 있었다. 샤자한푸르에 간 나는 람 찬드라가 사랑이 넘치고 단순하며 진실하고 현실적인 사람임을 알았다. 나는 그의 절대적 명료함에 빠져들었다. 어떻게 한 사람 안에 그러한 순수함과 명료함이 같이 존재할 수 있는지 경이로웠다. 그를 바라보고만 있어도 그의 전 존재에서 사랑이 뿜어져 나왔다. 나는 그와 함께하며 트랜스미션이 계속 흐르고 있음을 느꼈다. 람 찬드라는 거의 내내 침묵하고 있었으나 침묵할 때마저 한시도 지루한 순간이 없었다. 내면에서 늘 교감이 이뤄졌고 나는 내 안에서 그의 존재를 느끼느라 분주했다. 이것이 내 인도자와 함께하는 여정의 출발점이었다. 이는 이미 정해져 있던 숙명 같은 만남이었을까?

운명을 향한 근본 질문은 언제나 이렇다. 무엇을 바꿀 수 없고 무엇을 바꿀 수 있는가? 우리 삶은 숙명이 지배하는가, 아니면 우리에게 스스로 운명을 선택할 자유의지가 있는가? 수천 년 세월 동안 우리 삶에 영향을 미치는 자유의지, 숙명, 신, 점성술, 카르마karma의 영향을 연구한 논문과 논쟁은 수없이 있었다. 어떤 이들은 자유의지와 선택의 자유를 우리의 생득권生得權이라 여기고, 다른 이들은 숙명이라 생각한다. 그리고 대개는 이 둘의 조합을 받아들인다. 절대적 자유의지도 숙명도 없다는 말이다. 인생은 이 두 가지 극단적 시각 사이의 어디쯤에서 굴러간다. 이는 유전학과 같다. 우리에게는 인간 게놈으로 정의하는 고정된 유전 패턴도 있고, 유동적인 후성유전 요소도 있다. 기본 유전 구조는 고정되어 있지만 우리의 환경, 생각, 정서가 모두 유전자 발현 방식에 영향을 주기 때문에 발현이 될 수도 있고 안 될 수도 있다.

이렇듯 유전자는 운명처럼 고정되어 있으면서 변화도 가능하다. 그렇지 않다면 진화는 불가능할 것이다!

나는 이 책에서 내가 배운 운명을 비롯해 신념이 어떻게 우리 삶에서 숙명과 자유의지의 상대적 중요성을 결정하는지 이야기한다. 또한 운명을 디자인하도록 돕는 생활양식 변화와 간단한 하트풀니스 수행법도 소개한다. 오늘 우리의 행동이 우리 미래를 결정한다. 과거에 우리가 행한 것이 이미 우리의 현재를 결정했다. 이것이 우리가 운명을 엮어나가는 방법이다.

우리 각자는 시공간 차원에 존재한다. 그리고 우리는 에너지장에 인상impressions을 형성하고 일련의 범주, 즉 개인의 특성 혹은 미래 카르마의 청사진으로 정의하는 특징과 인성을 창조하면서 그 시공간에 끊임없이 자신의 자국을 만들고 있다. 우리가 그 인상들을 제거해 과거를 청산할 수 있으면 카르마 청사진은 지워지고 우리의 한계도 사라져 미래 운명의 가능성을 확장할 수 있다. 좋은 소식은 그 인상을 제거하기가 쉬워 우리의 에너지 장을 정화하고 인성과 카르마를 변형할 수 있다는 점이다. 우리는 이 책 전반에서 이를 어떻게 행할 것인지 발견하고 인상 제거가 왜 삶을 통째로 바꿔놓는지 이해하게 될 것이다.

운명의 정의

운명이라는 주제에 꽤 실용적인 방식으로 접근할 수 있는 몇 가지 근본 원칙이 있다.

첫 번째, 운명은 현재에만 바꿀 수 있다. 과거는 지나갔으니 바꿀 수 없다. 그러한 과거에 붙잡혀 있는 것은 바람직하지 않다. 이는 소중한 에너지를 낭비하는 일이다. 특히 우리가 남아 있는 청사진을 지우기 위해 과거의 인상을 제거하는 방법을 배울 것이기에 더욱 그러하다. 미래는 우리가 현재 이 순간을 어떻게 살아가는가로 결정된다. 우리가 오늘 행하는 일은 중요하다. 매일, 매 순간이 우리 운명의 향후 궤도를 디자인하는 황금 같은 기회다.

두 번째, 우리는 매일 하는 생각, 즉 원하는 것으로 자신의 운명을 창조한다. 이를테면 끌어당기는 것과 밀어내는 것, 싫어하는 것과 좋아하는 것이 있다. 무언가가 당신을 끌어당기거나 밀어낸 순간 혹은 무관심해 아무 영향도 없던 순간을 알아차린 적 있는가? 무언가를 좋아하면 우리는 그것을 우리 에너지 장으로 끌어당긴다. 무언가를 싫어하면 우리는 그걸 쫓아냈다고 생각하지만, 실상 그것은 우리가 좋아하는 것만큼 우리에게 큰 영향을 준다. 다만 긍정적 방식이 아닌 부정적 방식으로 우리를 묶어놓는다는 차이가 있을 뿐이다. 예를 들어 증오는 사랑만큼 강렬하게 한 사람을 떠올리도록 만들 수 있다. 나는 그룹 리더에게 많이 화가 난 한 집단 구성원에게 둘러싸여 갈등을 중재한 적이 있다. 그룹 리더는 억압적 방식으로 행동했고 사람들은 큰 상처를 받았다. 그들은 내게 리더에 관해 불평했는데, 알고 보니 거의 종일 그 리더를 생각하며 시간을 보내고 있었다. 한마디로 그들은 리더의 단점과 과오를 명상하고 있었다! 그 집단 구성원은 자신들이 무슨 일을 하고 있는지 깨닫자 모든 접근방식을 바꾸었고, 상황은 더 나은 방향으로 변하기 시작했다.

우리 생각은 대부분의 시간 동안 좋고 싫음을 따지느라 분주하다. 이를 스스로 인지하지 못하는 상황에도 그렇다. '저 집이 진짜 좋아. 갖고 싶어!' '저 여자랑 같이 일하기 싫어. 너무 건방져.' '내가 저 사람 같다면 얼마나 좋을까! 정말 능력 있어.' '이 사람들 위험해 보이는데, 이들과 떨어져 있는 게 좋겠어.' '저 여자 무척 아름답다. 나도 저 여자처럼 생겼으면 좋겠어.' 등등. 우리는 호불호 순간에 자신이 그대로 반응하도록 내버려둠으로써 마음에 계속 인상을 형성한다.

불행히도 우리는 대부분 종잡을 수 없는 이 반응 모드에서 탈출할 수 있도록 훈련받지 못했다. 나무에서 떨어지는 가을 낙엽이 바람에 이리저리 흩날리듯 우리는 이끌리는 대로, 방향성이나 더 높은 목표 없이 흘러간다. 마음mind이 이렇게 움직일 때, 우리의 깊은 생각이나 적극적인 계획 없이 모든 사건이 우리 운명을 결정한다.

그러면 우리는 무엇을 할 수 있을까? 우리 운명을 디자인하는 도구를 훈련하는 것으로 시작할 수 있다.

먼저 한 가지 비유를 상상해보자. 당신에게는 멋진 신형 페라리가 있는데 그걸 타고 여기저기 운전하고 다니며 행복을 느낀다. 당신은 마음 가는 대로 넓은 고속도로를 가로지르고, 경치 좋은 시골길을 찾아 오랫동안 자동차 여행을 다닌다. 그런데 운전하느라 차를 관리할 시간이 없다. 얼마의 시간이 흐른 뒤 자동차 엔진에 문제가 생기더니 결국 엔진이 멈춘다. 이제 더 이상 주행하지 못한다.

왜 페라리를 이야기하고 있을까? 우리의 운명 디자인에서 꾸준히 좋은 상태를 유지해야 하는 엔진에 해당하는 것은 무엇일까? 우리는 이를 마음, 가슴-마음 heart-mind 또는 미묘체subtle body라고 부른다. 우리는 마음을 '관리'하거나 '훈련'하고 나서야 운명을 디자인할 수 있는 도구를 얻는다. 이는 내면의 고요함과 명료함을 찾아 생각을 조절하는 것을 의미한다. 이것은 레이더처럼 우리를 안내하는 가슴 내면, 인간 잠재력의 심층 부분에 접속하기를 배우고 잠재의식에서 끊임없이 올라오는 정서 덩어리를 정화함으로써 가능하다. 이를 위해서는 명상 수행이 필요한데 이 책은 명상 수행을 심층 탐색하고 있다.

당신은 "난 지금 있는 그대로 완벽하게 행복해. 내가 왜 변해야 해? 지금 내 운명이 뭐가 문제라고?"라고 말할 수도 있다. 물론 선택권은 당신에게 있다. 당신이 행복하다면 아무것도 바꾸고 싶지 않을 것이다. 그런데 정말 완벽하게 행복한가? 생각해보라.

당신 주변을, 자신의 깊은 내면을 돌아보자. 우리의 행복은 대개 외부 대상이나 환경에 기대고 있다. 상황이 변하면 슬픔이 몰려와 여기에 대처할 내면의 도구 없이 그대로 남겨지는 자신을 발견한다. 이는 페라리 운전자가 망가진 차와 함께 오지도 가지도 못하고 갓길에 남겨진 것과 같다. 무슨 일이 벌어지든 행복하도록 자신을 훈련하는 것이 현명하다. 다른 식으로 생각해보자. 만성 질병이나 말기 질환에 걸릴 때까지 몸에 필요한 것을 무시하는 건 좋은 생각인가? 마찬가지로 마음이 무너질 때까지 마음

돌보기를 기다릴 필요가 있을까? 신형 페라리처럼 꾸준히 좋은 상태를 유지하는 것은 어떨까?

운명은 우리를 어디로 데려가는가

운명이란 우리가 어딘가 혹은 무언가를 향해 가고 있음을 의미한다. 운명이 불변이라면 인생에서 자기 목표를 세울 필요가 있을까? 하지만 우리가 스스로 자기 운명을 디자인한다고 믿으면 목표를 세워 방향을 설정할 수 있다. 우리가 삶에서 원하는 것은 무얼까? 모든 문화와 계층 사람들에게 가장 흔히 듣는 대답은 행복과 만족감과 사랑이다.《아슈타바크라 기타Ashtavakra Gita》와《성경》같은 위대한 경전에 나오는 현인들은 무엇이라고 말했을까? 아슈타바크라는 자나카Janaka에게 용서, 단순함, 연민, 만족감, 진실을 수행해 행복과 사랑이 그 핵심으로 드러나도록 하라고 말했다.《성경》에서 예수의 가르침 또한 같은 원칙에 바탕을 둔다.

과연 무엇이 행복과 만족감, 사랑을 가져올까? 아마도 지금 이 순간의 당신에게 그것은 좋은 관계, 좋은 직업, 자녀가 잘 사는 것, 안락한 생활일 것이다. 그러나 이 모든 걸 가져도 평화와 고요함이 없으면 결코 행복할 수 없다.

앞으로 이 주제에 더 깊이 들어가면 행복이 외부 대상이나 사람에게 좌우되지 않는다는 것에 동의하리라. 학문에서 성공하는 것, 행복한 가정생활, 든든한 은행 잔액, 좋은 친구, 쾌락, 소유물 등은 매일의 삶에 중요하지만 일시적 기쁨을 주며 영속적 행복을 보장하지 않는다. 왜 그럴까? 이들은 모두 덧없다. 이들이 사라지면 행복도 사라진다. 그리고 타인이 내 행복을 결정하도록 내버려두는 것은 인생을 살아가는 현명한 방법이 아니다. 외부적 행복 원천에 의존하는 것과 좀 더 영속적인 것의 균형을 맞출 필요가 있다. 영속적 행복을 찾으려면 내면을 깊이 바라봐야 한다. 외부 삶과 내면 사이의 균형이 중요하니 말이다.

잠시 우리가 고요하고 균형 잡힌 행복한 마음 상태라고 가정해보자. 그 자체로 이미 큰 성취다. 바쁘고 스트레스가 많으며 주의력 유지 시간이 매우 짧은 현대에는 특히 그렇다. 그러면 단순히 행복하고 평화로운 것이 우리의 운명일까? 아니다. 그것은 단지 디딤돌일 뿐이다. 고요한 마음으로 무엇을 해야 하고, 이를 어떻게 이용해야 하는지 아는 것이 중요하다.

우리는 무슨 일을 하든 탁월해지고 가능성을 확장하기 위해 자기 발전을 도모한다. 인간은 언제나 그래왔다. 목표를 성취하기 위해 불편함과 분투를 기꺼이 견디길 감수했다. 올림픽 금메달리스트, 바이올린의 대가, 걸음마를 배우는 어린아이는 모두 이것을 안다. 목표나 목적이 있었던 사람이면 누구든 안다. 우리는 원하는 것을 위해 분투한다. 만족감으로는 충분치 않다. 우리는 자신이 원하는 것에 탁월해지고 나아지기 위해 애쓴다.

삶은 진화 과정이며 모든 삶은 일종의 진화다. 어쩌면 삶은 지혜, 기술, 태도를 계발하는 과정인지도 모른다.

발명과 발견 역시 진화다. 실패한 삶과 고난마저 우리에게 많은 것을 가르쳐주며 미래의 성장으로 이끈다. 실패가 어떻게 지혜를 가져오는지는 나중에야 깨닫기 때문에 판단하거나 평가할 수 없다. 탁월함을 발휘하고 한계를 넘어 미지의 세계로 나아가려는 본능이 인간의 일부임을 알 뿐이다. 우리가 '삶의 목적은 무엇인가?' 같은 질문을 던진다는 사실은 우리에게 그런 충동이 있음을 보여준다. 호모 사피엔스는 '지혜로운 사람'이라는 뜻이다. 사람man이라는 단어도 마음mind을 뜻하는 산스크리트어 마나스manas에서 왔다. 우리는 자신을 물리적 신체보다 마음과 훨씬 더 동일시한다.

만일 어떤 사람이 당신에게 "왜 그래? 얼굴이 엉망이잖아"라고 말하면 기분 나쁠 수 있다. 그런데 "너, 제정신이 아니야"라거나 "이렇게 바보 같을 수가!"라고 말한다면 어떨까? 아마 훨씬 더 화가 날 것이다. 우리의 에고는 정신 안녕감이 모욕당할 때 더 상처받는다. 이는 정신 질환이 신체장애보다 더 크게 낙인찍히는 이유이기도 하다. 조현병과 당뇨병은 모두 심각한 건강 문제지만 조현병보다 당뇨병이 훨씬 더 받아들이기 쉽다.

2017년 4월 세계보건기구WHO는 이제 세계에서 건강 문제를 일으키는 가장 큰 원인은 우울증이라고 공표했다. 당시 3억 인구가 우울증을 앓고 있었다. 이는 무엇을 의미할까? 수많은 사람이 불행해서 더 긍정적이고 즐거운 삶의 목표를 찾길 원한다는 걸 의미한다. 우리에게 우울증을 유발하는 복잡성을 설명할 필요가 있다면, 이는 인간 역사에서 중대한 시기에 도달했음을 뜻한다.

우리 상황을 살펴보자. 우리는 한편으로 자신이 부, 소유, 쾌락, 만족감, 성공이라는 욕망에 끌려가도록 내버려두는 것을 발견한다. 다른 한편으로는 가벼움, 즐거움, 사랑이 자신을 더 높은 무언가를 향해 끌어당긴다는 것을 안다. 사실 더 높은 목적을 향한 본능은 우리가 더 크게 행동하도록 하는 힘이다.

예를 들어 사랑은 우리에게 왜 그토록 중요한가? 사랑에 빠진 사람의 걸음걸이는 뛰어오를 듯 경쾌하고, 엄마의 사랑은 아기에게 좋은 영양 공급만큼 중요하다. 조부모와 손자 간의 사랑을 보는 것은 더할 나위 없이 아름다운 일이다.

우리는 사랑과 내면의 행복을 위해 삶의 의미나 목적을 찾는데, 이는 일상 행동에서 목격할 수 있다. 가령 우리는 왜 건강하든 건강하지 않든 온갖 수단으로 평범한 존재에서 벗어나려 노력하는가? 왜 아이들은 세상을 경이롭게 바라보는가? 왜 어른들은 아직도 백일몽을 꿈꾸는가? 이 모든 것은 존재의 다른 계plane, 즉 인간으로서 우리 삶의 일부인 영적 차원과 내면으로 연결되기 위한 탐색 과정에 나타나는 현상이다. 삶을 사는 동안 그리고 삶을 넘어 우리 운명의 더 큰 그림을 보는 것도 중요하다. 과연 우리는 우리 미래에 얼마나 많은 영향을 미칠 수 있는가? 이미 모든 게 계획되어 있는가, 아니면 삶의 방향을 창조할 수 있는가?

자유의지는 어떠한가

우리가 자신의 미래를 창조할 수 있다고 상상해보자. 이것이 우리 삶의 모든 면에서 가능할까? 이 책 뒷부분에서 이를 더 상세히 탐구하기로 하고, 일단 지금은 우리가 가진 세 가지 몸을 이야기해보자. 세 가지 몸이란, 육체physical body 혹은 스툴라 샤리르sthoola sharir, 마음mind 혹은 수크쉬마 샤리르sookshma sharir, 영혼soul 혹은 카라나 샤리르karana sharir를 말하며 이 셋은 각각 다른 방식으로 접근해야 한다.

세 가지 몸

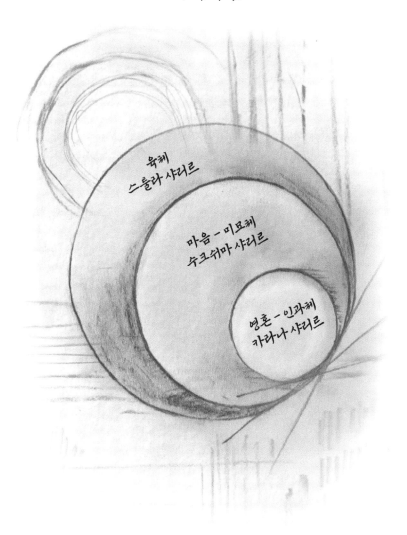

육체
스툴라 샤리르

마음 ─ 미묘체
수크쉬마 샤리르

영혼 ─ 인과체
카라나 샤리르

일단 육체부터 살펴보자. 우리는 육체를 얼마나 바꿀 수 있는 가? 어떤 사람은 단단한 체구에 키가 작고 또 어떤 사람은 날씬하면서 키가 크다. 어떻게 해도 이를 바꿀 수는 없다. 건강한 식사, 규칙적인 운동, 좋은 위생 상태, 적당한 수면, 자연 리듬에 맞는 생활로 육체를 최적화할 수는 있지만 우리의 육체 구조나 유전을 바꿀 가능성은 제한적이다.

그다음으로 영혼을 생각해보자. 영혼은 인과체causal body로 알려져 있는데, 이는 영혼이 우리 존재의 원인이기 때문이다. 여기에는 두 가지 이론이 있다. 한 이론에서는 영혼은 이미 그 특성상 완벽하며 변하지 않는다고 말한다. 다른 이론에서는 영혼에도 목적이 있는데 그 목적은 진화라고 한다. 어떤 식이든 우리는 영혼의 진화를 통제할 수 없다. 영혼의 진화는 수행 결과로 나타나는데 그 내용은 이 책 후반에서 논한다. 영혼의 존재를 돌보는 것은 우리가 인과체를 부양하는 방식이다.

마지막은 가운데에 해당하는 세 번째 몸, 즉 마음이다. 마음은 미묘체, 아스트랄체astral body로 알려져 있으며 마음과 가슴의 에너지 장을 말한다. 여기서는 무엇을 바꿀 수 있는가? 모든 것을 바꿀 수 있다. 실제로 우리는 생각을 조절하도록 자신을 훈련할 수 있다. 우리 패턴과 공포, 욕망과 정서 반응에 따른 작업도 할 수 있다. 의사결정 능력, 가슴의 관대함, 태도, 의지력, 사랑하는 능력을 계발하는 것도 가능하다. 이 모든 것은 극적 변화를 만들어낸다. 마음은 우리가 운명을 디자인하기 위해 정화할 수 있는 주요 부분이다.

집단적 운명

이 책에서 탐색할 운명의 마지막 원칙은 우리는 혼자가 아니라는 것이다. 우리는 모두 연결되어 있다. 우리는 자신의 개인 운명을 디자인할 뿐 아니라 하나의 종種과 공동체로서 함께 진화한다. 이는 공동-진화co-evolution로 알려져 있다. 이러한 공동진화는 우리 개개인이 진화하고 난 뒤에야 일어난다.

우리 대다수는 정치, 정부 정책, 사회 운동, 풀뿌리 민주주의 운동 같은 모든 외부 수단을 동원해 집단의 운명과 세상을 변화시키고 싶어 한다.

그런데 사회는 개개인으로 이뤄져 있고, 레프 톨스토이는 "모든 사람이 세상을 바꾸고 싶어 하지만 정작 자기 자신을 바꿀 생각은 하지 않는다"라고 말한 바 있다. 세상을 바꾸려면 먼저 우리 자신부터 바꿔야 한다. 인류의 운명을 디자인하기 위해서는 그에 앞서 우리 자신을 디자인하고, 이어 우리의 영향력을 주변의 타인으로 넓혀야 한다. 언젠가는 우리가 인류의 방향성을 함께 바꿀 수 있는 날이 반드시 올 것이다.

어떻게 시작하고, 어떤 단계를 거쳐야 하는가

운명을 만드는 과정에는 크게 세 단계가 있다.

첫째, 모든 것을 수행으로 시작한다. 우리에게는 마음을 정화하는 일련의 수행이 필요하며 이는 우리의 성장 도구다. 이 내면 수행은 명상 수행 혹은 영적 수행으로 알려져 있다. 여기서는 나와 독자 여러분에게 효과적인 하트풀니스 수행을 알려주고자 한다. 변화는 항상 내면에서 시작할 때 더 효과적이라 수행으로 출발하는 것이다. 내면에서 시작한 수행은 지속성이 있다.

하트풀니스는 우리에게 명상에 관한 간결한 과학적 접근법을 제공한다. 우리 자신이 실험 자체이고 실험자이며 결과다. 우리 가슴은 연구실이다. 이를 위해 필요한 것은 무엇인가? 관심, 열정 그리고 기꺼이 하고자 하는 마음이다. 마음과 가슴을 정화하고 단순하게 만든 뒤에야 진정 우리 의식을 확장하고, 인간의 모든 잠재력을 깨닫고, 목적 있는 삶을 살아갈 수 있다.

둘째, 시간이 흐르면 수행은 생활방식이 된다. 이는 당연하고 필연적인 단계다. 내면 변화로는 충분치 않기 때문이다. 내면 변화는 일상생활에서 외부에 반영되지 않을 수 없다.

우리가 더 친절하고 공감하고 베푸는, 더 나은 사람이 되지 않는다면 명상하는 것에 무슨 의미가 있을까? 그냥 시간 낭비일 뿐이다. 궁극적으로 내면 변화와 외부 변화는 분리할 수 없으며,

드러나는 습관과 행동은 내면 상태의 표현이다. 따라서 내면 변화와 외적 행동 사이에는 언제나 미세한 조정 작용이 일어난다. 명상으로 내면의 잠재력이 성장하고 확장하는 동안 우리는 생활방식을 정화해야 한다. 내면과 외면은 함께 간다.

셋째, 생활방식은 우리를 운명으로 인도한다. 수행과 생활방식 변화로 성격을 정화하는 지속적인 과정을 영적 여정 또는 야트라yatra라고 한다. 이는 '요가Yoga의 길'로도 알려져 있다. 이 과정을 따르면 '운명 디자인하기'가 제2의 천성이 된다.

우리는 인생 여정에서 조금씩, 점진적으로 우리 운명을 창조한다. 우리가 선택하는 매 순간 우리는 특정 방향으로 이끌린다. 이는 삶의 목적을 향할 수도, 멀어질 수도 있다. 이것은 일직선 여정이 아니다. 때로 앞으로 나아가기 위해 후퇴할 수도 있다. 우리는 실수하고 그 실수에서 배우는데, 그 모든 것은 여정이라는 풍부한 태피스트리(색실을 짜 넣어 그림을 표현하는 직물 공예－옮긴이 주)의 한 부분을 이룬다. 생각과 행동은 모두 그 여정에 기여한다.

우리의 생활양식이 진화하는 동안 의식은 확장되고 더 오묘해져 자신의 운명을 디자인하는 우리 능력은 애쓰지 않고 자연스럽게 이뤄지는 수준에 이른다. 이제 그 길을 함께 탐색하자.

2
수행

명상이 우리에게 모든 것을 주는 건 아니지만,

명상을 올바로 하면 어떤 상태가 만들어지고

그 상태는 우리를 변화시킨다.

2. 왜 수행하는가

생의 거의 모든 시간을 영성 탐구에 쏟은 나는 영적 수행은 모두 그 목적이 의식 확장이라는 결론을 내렸다. 이 말의 뜻은 책을 읽으면서 더 명확해질 것이다. 지금은 하트풀니스 수행이 우리의 이용 가능한 의식을 확장하고 평범한 의식을 신성한 의식으로 진화하게 한다는 말로 충분하다.

나에서 우리로

이기심에서 이타심으로

반발에서 호응으로

분노에서 측은지심으로

노여움에서 사랑으로

오만에서 겸손으로

걱정에서 안정으로

두려움에서 용기로

수축에서 팽창으로

불안함에서 평화로움으로

불균형에서 균형으로

무거움에서 가벼움으로

거침에서 섬세함으로

복잡함에서 단순함으로

불순함에서 순수함으로

갈망에서 만족으로

집착에서 무집착으로

기대에서 수용으로

생각에서 느낌, 느낌에서 경험, 경험에서 존재함,

존재함에서 존재하지 않음으로

지성에서 지혜로

소유에서 존재로… 사랑 안에서.

이 모든 변화는 앞으로 우리가 탐색할 매우 단순한 수행으로
성취할 수 있다.

3. 이완

잠시 시간을 내 자신이 충분히 이완되었는지 관찰해보자. 주의 깊게 관찰하면 몸의 어떤 부분이 불편하거나 긴장하고 있는지 발견할 수 있다. 이는 현대에 만연하는 유행병이다. 우리는 만성 스트레스 상태에서 살고 있다.

이완은 왜 중요한가? 신체적 긴장 풀기, 불쾌한 기분 진정하기, 일터에서 정신없이 바쁜 하루를 보낸 뒤 지친 근육 이완하기, 몸과 마음을 자유롭게 해서 명상할 수 있게 하기 등 이유는 많다. 명상할 때는 부드럽게 눈을 감고 내면 경험이 펼쳐지도록 나를 내버려둘 수 있어야 한다. 안정적이고 편안한 자세로 애쓰지 않음effortlessness에 다다르면 명상에 들어갈 준비가 된 것이다.

하트풀니스의 네 가지 핵심 수행 중 첫 번째가 이완인 이유는 이 때문이다. 이완은 모든 노력을 내려놓게 한다. 하트풀니스 이완은 파탄잘리의 《요가수트라Yoga Sutras》에 뿌리를 둔 것으로 이를 일부 발전시켰다. 시작할 때 처음에는 편재한 에너지, 특히 어머니 지구에서 나오는 치유 에너지에 초점을 둔다.

그다음 발에서 올라오는 치유 에너지를 흡수해 각 장기와 근육, 관절을 이완한다. 이는 발가락부터 시작해 정수리까지 올라가는 과정으로 진행한다. 그러는 동안 이완을 안내하는 하트풀니스 트레이너도 근원과 자신을 연결한다.

이것을 경험할 때 어머니 지구에서 올라오는 치유 에너지와 우주 영역에서 내려오는 에너지를 모두 받아 이완 과정이 두 배로 강력해진다. 이들 에너지를 흡수한 뒤 비슷한 이완 프로그램을 수행하면 같은 효과를 내는 이완이 가능하다.

다른 사람을 위해 '안내문'을 읽어주거나 자기 스스로 수행할 수도 있다. 이 과정은 매우 간단하고 부드럽다. 모든 과정을 기억하지 못해 어쩌다 하나를 건너뛰더라도 걱정할 필요가 없다. 핵심은 당신이 분해될 정도로 완전히 이완하고 궁극적으로 자신의 중심을 강력하게 느낄 수 있는 심장에 주의를 기울이는 일이다. 이것이 이완의 목표다.

그 단계는 아래와 같다.

- 편안하게 앉아 아주 부드럽게, 천천히 눈을 감습니다.

- 발가락부터 시작합니다. 발가락을 꼼지락거립니다. 이제 발가락이 이완되었음을 느낍니다.

- 어머니 지구의 치유 에너지가 발바닥으로 들어오는 것을 느껴봅니다. 이제 에너지가 당신의 발에서 무릎까지 올라와 다리를 이완합니다.

- 에너지가 점점 더 위로 올라와 다리 전체를 이완합니다. 허벅지를 이완합니다.

- 이제 엉덩이를 깊이 이완하고… 위장… 허리 전체를 이완합니다.

- 등의 긴장을 이완합니다. 꼬리뼈부터 어깨까지 등 전체를 이완합니다.

- 가슴을 이완하고… 어깨를 이완합니다. 양쪽 어깨가 녹아내릴 듯 완전히 이완된 것을 느끼십시오.

- 팔 위쪽을 이완합니다. 팔 아래쪽의 모든 근육과… 손… 손가락 끝까지 이완합니다.

- 목 근육을 이완합니다. 주의를 얼굴로 옮깁니다. 턱… 입… 코… 두 눈… 귓불… 얼굴 근육… 이마… 정수리 끝까지 이완합니다.

- 몸 전체가 이완된 것을 느낍니다. 정수리부터 발가락까지 몸 전체를 스캔합니다. 몸의 어느 부위가 여전히 긴장되거나 아프거

나 불편한 곳이 있다면, 그 부위로 가서 어머니 지구의 치유 에너지를 더 오래 머무르게 합니다.

- 준비가 되었으면 주의를 가슴으로 옮깁니다. 그곳에서 잠시 머뭅니다. 가슴속의 사랑과 빛에 잠겨드는 것을 느낍니다.

- 가만히, 고요히 머물면서 천천히 내면으로 몰입합니다.

- 그만할 때가 되었다고 느끼는 순간까지, 그 상태 그대로 원하는 만큼 머뭅니다. 마치고 싶을 때 빠져나옵니다.

파탄잘리는 이완을 요가의 마지막 세 단계인 집중(다라나Dharana), 명상(디야나Dhyana), 삼매(사마디Samadhi)의 필수 선행조건으로 제시했다. 몸을 이완하지 않으면 명상하는 동안 각 신체 부위를 편안하게 하려고 주의가 여기저기로 흩어진다. 가부좌로 명상할 경우 다리가 불편할 수 있고 이때 주의가 명상 대상이 아니라 몸의 불편함으로 간다. 이를 해결하려면 이완해야 한다.

이완을 경험하면 그제야 이완의 영향력을 신체적, 정신적으로 진정 이해한다. 이완은 우리가 영적 수준에 도달할 것에 대비해 준비시킨다. 우리 목표는 삼매다. 나는 삼매를 궁극적인 영적 이완으로 정의한다.

하트풀니스 이완은 매일 스스로 수행할 수도, 트레이너에게 요청해서 안내받아 할 수도 있다. 또는 www.Heartfulness.org에 있는 오디오를 들으면서 수행할 수도 있다. 일단 이들 단계를 습득하면 타인에게 이완 과정을 안내할 수 있다.

4. 명상

이완을 마치면 하트풀니스 수행의 두 번째 단계인 명상이 가능해진다. 명상은 종종 한 가지 대상을 꾸준히 생각하는 것으로 정의한다. 그런데 이 정의에 갇히면 명상의 진정한 목적을 잊기 쉽다. 명상은 우리가 명상하는 대상의 진정한 본질을 드러낸다. 그 현시revelation는 생각이 아닌 느낌으로 온다. 명상은 우리가 생각에서 느낌으로, 신성을 생각하는 것에서 신성한 존재를 느끼는 것으로 이동하는 과정이다. 또한 마음의 복잡성에서 가슴의 단순성으로 가는 여정이다. 이런 이유로 많은 명상법이 가슴과 관련이 있다.

사실 우리는 대부분 명상하는 방법을 이미 알고 있다. 어린아이라면 명상 대상이 생일선물로 받을 장난감이나 정원의 개미떼일 수 있다. 어른은 부유함, 권력, 성공, 애정 관계 혹은 더 높은 목적일 수 있다. 우리가 한 대상에 주의를 집중하면 그것이 곧 명상이다. 결국 명상 대상은 우리가 얻고자 하는 목표에 적합한 것이어야 한다. 명상의 보편적 격언이 말하듯 우리는 생각의 힘으로, 명상 대상 그 자체가 된다. 모든 것은 생각으로 시작한다. 하트풀니스 명상에서 그 생각은 '이미 내 가슴 안에 있는 신성한 빛의 근원이 나를 내면으로 끌어당기고 있다'이다. 그렇지만 이것은 거대한 내면의 우주로 가는 입구일 뿐 그 생각으로 끝나는 것은 아니다.

우리는 마음속에서 시끄럽게 울려대는 수많은 생각에 익숙하다. 단 한 가지만 생각하는 것에는 익숙지 않다. 실제로 명상을 시작할 때 조용히 앉아있는 동안 마음속에 오만가지 생각이 나타나 더러 실망한다. 이는 자연스러운 일이다. 사실 여러 가지 생각이 떠오르는 것은 당연하다. 하트풀니스 명상에서는 생각, 느낌, 감정을 억누르지 않는다. 이들은 내면에 남아 압력밥솥처럼 내면의 압력을 만들거나 싹이 틀 기회를 노리며 휴면상태로 존재한다. 그런 것은 안에 있기보다 밖으로 나오는 게 더 낫다. 우리는 생각, 느낌, 감정을 놓아주길 원하며 그것이 우리를 떠날 때 간혹 그 존재를 알아차린다. 이런 일이 일어나 마음이 생각, 느낌, 감정을 놓아주는 동안 우리는 그것에 무관심해지는 법을 배운다. 생각, 느낌, 감정과 싸우지 않고 그저 명상 중임을 스스로 상기하는 것이 핵심이다.

하지만 하트풀니스 명상에 트랜스미션 혹은 '프라나후티prana-huti'가 없다면 이는 여러 명상법 중 하나에 불과할 것이다. 트랜스미션은 완전한 변형transformation을 가능케 하는 효과적인 촉매제다. 하트풀니스는 과학적 방식으로 접근하는 것이 현명하다. 처음에는 트랜스미션 없이 명상하고, 그다음에 트랜스미션과 함께 명상해 이 두 경험을 비교해본다.

아래는 하트풀니스 명상 단계를 안내한다. 이 명상법은 프라나후티의 도움 없이 또는 프라나후티의 도움을 받아 수행할 수 있다.

- 편안하게 앉습니다. 부드럽게, 천천히 눈을 감고 이완합니다.

- 주의를 내면으로 돌리고 신성한 빛이 이미 가슴속에 존재하며 그 빛이 내면에서 당신을 끌어당기고 있다고 생각합니다. 부드럽고 자연스럽게 합니다.

- 애써 집중할 필요는 없습니다. 다른 생각들이 떠돌고 있음을 알아채면 부드럽게 당신 가슴속의 빛에 관한 생각으로 돌아옵니다.

- 의식을 가슴에 둡니다. 자신이 가슴속으로 녹아들고 있음을 느낍니다. 알아차림을 넘어 더 깊은 상태로 이완하면 좋습니다.

- 끝났다고 느낄 때까지 명상합니다.

부드럽게 수행한다. 명상하는 동안 힘을 쓸 필요가 없다. 처음 시작할 때는 30분 정도 위와 같이 명상한다. 그 후 며칠, 몇 주, 몇 달에 걸쳐 서서히 한 시간으로 늘린다.

명상을 마치면 5분 정도 앉아 내면의 느낌을 관찰하고 음미한다. 그 상태는 매번 다른데 그것은 그때만 받을 수 있는 선물이다. 그 상태를 유지하고 발전시킨다. 명상 상태가 당신의 일부가 되었으므로 그 상태를 유지한 채 천천히 일어난다.

트랜스미션

트랜스미션은 하트풀니스 명상의 특별한 점이다. 이것은 우리의 에너지 장 안에 있는 내면의 복잡성이나 묶여있는 것(매듭)을 제거해 영적 중심 혹은 차크라chakras를 정화하고 빛나게 한다.

트랜스미션은 근원으로 가는 여정에 있는 장애물을 제거하고 명상을 역동적으로 만든다.

트랜스미션은 산스크리트어로 '프라나후티'라고 하는데 이 단어는 프라나prana와 아후티ahuti로 이뤄져 있다. 여기서 프라나는 에너지 또는 정수essence를 의미하고 아후티는 공양offering 혹은 희생sacrifice을 뜻한다. 전송자transmitter가 프라나를 보낼 때 자원이 제한적인 상황에서 계속 에너지를 희생하거나 전송하면 고갈될 수 있으므로 프라나 전송자는 반드시 무한의 근원과 연결되어 있어야 트랜스미션을 지속할 수 있다. 이는 근원의 우주 에너지 혹은 신성의 정수가 인도자에게서 흘러나와 구도자의 가슴으로 들어가는 것으로 볼 수 있다. 이는 마치 자녀의 성장과 생명 유지를 위해 엄마의 사랑이 자연스럽게 자녀에게 흘러가는 것과 같다.

아인슈타인의 유명한 방정식 $E=mc^2$을 생각해보자. 에너지는 언제나 빛의 속도와 질량의 유한함에 제한을 받는다. 반면 트랜스미션은 물리 법칙의 제한을 받지 않는다. 일단 트랜스미션이 흐르기 시작하면 구도자가 어디에 있든 즉시 받는다. 단순히 트랜스미션을 생각하기만 해도 흐르기 시작한다. 빛조차 즉시 전해질 수 없다. 빛이 즉각 이동 거리를 지날 수 있다면 속도는 무한일 것이다. 빛의 속도를 무한대 혹은 무한한 속도로 가정하면 아인슈타인의 방정식에 무슨 일이 벌어질까? 방정식에 무한을 대입한다는 건 우리에게 오는 에너지도 무한하고 그 근원 역시 무한하다는 것을 의미한다.

트랜스미션 효과를 이해하기 쉽도록 돕는 또 다른 과학 원리도 있다. 바로 엔트로피entropy다. 엔트로피란 모든 시스템에서 무질서의 척도다. 엔트로피를 낮은 수준으로 유지하려면 시스템에 외부 에너지를 입력해야 한다. 이러한 외부 입력 혹은 노력이 부족하면 시스템은 대부분 무너진다.

그렇다고 모든 에너지 입력이 안정화를 이뤄주는 것은 아니다. 예를 들어 화가 나면 더 큰 에너지 흐름이 생기지만 이 에너지는 신체에 반해 작용하기 때문에 신체의 에너지 흐름을 불안정하게 만든다. 결국 에너지 입력뿐 아니라 에너지 입력 방향도 중요하다. 다음 두 상황을 비교해보자. 첫 번째는 주의를 밖으로, 말초 방향으로 이동한다. 두 번째는 주의를 안으로, 신체 내부로 이동한다. 주의가 바깥 혹은 말초로 끌리면 우리 신체 시스템은 불안정해진다. 반면 중심으로 끌리면 안정을 이룬다. 트랜스미션과 함께 명상할 경우 우리의 주의는 자연스럽게 안으로 흘러들어 시스템이 고도로 안정되고 엔트로피를 점점 더 낮춘다. 우리 생명의 소용돌이가 존재하는 중심은 무엇일까? 영혼 soul이다.

정원에 활짝 핀 아름다운 꽃 한 송이를 상상해보자. 빨리 뛰어가면 꽃의 아름다움을 음미하기 어렵다. 반대로 꽃 가까이 걸어가면 꽃을 더 즐길 수 있고, 꽃 앞에 가만히 서 있으면 아름다움을 더 많이 음미할 수 있다. 만약 날아간다면 당신 아래에 있는 지상의 꽃을 보지도 못할 것이다. 빠르게 움직일 때 우리는 많은 것을 놓친다.

마음은 그 어떤 물리적 움직임보다 더 빠르다. 마음이 한 대상에서 다른 대상으로, 한 주제에서 다른 주제로, 하나의 모험에서 다른 모험으로 재빨리 움직일 때 우리는 내면에 만발한 꽃을 놓친다. 세부적인 것은커녕 꽃의 존재 자체를 완전히 잃는다. 그 꽃은 우리의 영혼이다. 트랜스미션은 우리를 내면의 고요함으로 깊이 이끌어 꽃에 주의를 집중하게 한다. 그 꽃을 멸종 위기종으로 대하라. 그 멸종 위기종을 얼마나 사랑으로 잘 돌보고 있는가? 우리가 주의를 집중하면 꽃은 살아남을 테지만 우리의 주의는 간혹 밖으로 향한다. 우리가 계속 움직이고, 생각하고, 대상을 인식할 때 우리는 내면의 아름다움을 놓친다. 명상은 무엇을 하는가? 명상은 마음의 중심을 잡아주고, 굳건히 기다리고 있는 '신성한 꽃'이라는 내면의 고요함에 닿아 쉬도록 돕는다. 우리는 내면의 고요함, 영혼의 진동 수준이 마음과 조화를 이루게 하려 한다. 일단 이 일이 일어나면 딸깍 스위치가 켜진다. 이것이 깨달음의 순간이다. 이는 가장 내면에 있는 신성한 꽃과 미묘체의 가장 바깥쪽이 하나가 되는, 절대적이고 완전한 공명이다.

트랜스미션은 다양한 언어로 표현하며 의미도 여러 가지다. 예를 들어 하트풀니스 전통의 첫 번째 인도자인 라라지Lalaji는 소리와 관련해 많은 것을 글로 남겼다. 그는 "소리는 의식의 현현manifestation이다. 생명 중의 생명이며 영혼 중의 영혼 그리고 존재 중의 존재다. 소리는 온 세상의 바탕이다. 소리는 모든 창조의 절대적 기초이며 영원한 토대다. (…) 모든 곳에서 소리의 움직임에 따른 진동의 흐름이 신성한 빛 형태로 드러난다. 움직임이 있는 곳이면 어디든 그곳에는 소리의 흐름이 있다"라고 말했다. 여기서 '소리'를 '트랜스미션'으로 바꾸면 그의 말이 이해가 간다. 라라지가 얘기한 소리는 트럭이나 음악 소리가 아닌 가장 오묘한, 진동 없는 진동이기 때문이다.

트랜스미션은 다리어Farsi(아프가니스탄에서 사용하는 페르시아어- 옮긴이 주)로 '타바조tavajjo'라고 하는데 이는 관심attention이라는 뜻이다. 전송자의 모든 관심은 수신자에게 있다. 트랜스미션은 전송자가 마음속 근원과 하나가 되는 영적 목표 아래 매우 집중한 상태다.

트랜스미션에는 다른 뜻도 있다. 바로 사랑이다.

이 다양한 의미를 우리의 영적 여정과 관련지어 다뤄보자. 우리는 근원 혹은 무無를 향해 움직이는데 여전히 진동, 심지어 사랑을 지니고 있으면 어떻게 근원과 하나가 될 수 있을까?

트랜스미션은 근원에서 나와 근원에 닿으므로 완전한 '무의 정수'여야 한다. 이는 말로 표현할 수 없는 것이다.

우리는 몸의 이완으로 트랜스미션 효과를 느낀다. 또한 마음에서 긴장이 사라지고 고요함을 느낀다. 우리는 정서적으로 '제로zero' 상태에 놓이며 이때 내면의 균형을 느낀다. 모든 것이 더 고요해지고 미묘체는 정지 상태에 이른다. 그 어떤 외부 소리도 이렇게 할 수 없다. 만트라mantras나 자파japas를 암송하는 내면의 소리로도 이를 성취할 수 없다. 이 모든 방법은 실패한다. 트랜스미션은 소리를 초월한다. 모든 정신 구조도 초월한다. 무의 정수인 트랜스미션을 제외하고 어떤 도구도 완전한 고요함의 수준에 다다르게 할 수 없다.

영성의 외침은 변화다. '나는 지금의 나에서 내가 되어야만 하는 존재로 변해야 해.' 내 변화를 막고 있는 것은 무엇인가? 내 삼스카라samskara, 즉 내 인상이 형성한 무거움이다. 트랜스미션은 우리가 이 생에서 다음 생으로 짊어지고 다니는 인상의 족쇄에서 벗어나도록 어떻게 도와줄까? 인상은 제거할 수 있는 물리적 특성이 아니다. 이것은 마치 다리미로 펼 수 있는 옷감의 주름과 같다. 마음에 파동을 만드는 삼스카라는 제거해야 하는데 트랜스미션은 삼스카라라는 주름을 편다. 이 과정은 말로 표현할 수 없을 만큼 '마법적'이다. 트랜스미션은 삼스카라의 근본 뿌리로 가서 삼스카라를 제거한다. 때로 트랜스미션은 삼스카라를 녹이거나 증발하게 해 인상의 진동을 제로로 만든다.

《케나 우파니샤드Kena Upanishad》에 '프라나후티'라는 용어가 나오는데 이를 프라나스야 프라나pranasya pranah, 즉 '생명의 생명'으로 묘사하고 있다. 간단히 말하면 생명을 주는 힘life-giving force이다. 사실 우리 안에는 이미 생명력이 있다. 바로 영혼이다.

그렇다면 의문이 생긴다. 우리의 생명을 만드는 데 영혼만으로는 충분치 않은 걸까? 비유를 들어보자. 한여름 동안 특히 인도에서는 나뭇잎이 시들시들하다. 어떤 때는 잎이 죽어버릴 것처럼 보인다. 땅 밑 뿌리는 가능한 한 습기와 영양분을 계속 빨아들이지만 생명은 잎에서 빠져나간다. 그러다 우기가 찾아와 비가 내리면 나무는 되살아난다. 이렇게 새로운 생명이 시작되고 신선함이 넘치며 기쁨이 가득해진다.

같은 방식으로 우리는 내면의 영혼 덕분에 존재하며, 첫 번째 트랜스미션을 받는 순간 영혼을 위한 영양분을 흡수해 존재가 신선해진다. 이를 사용하는 최선의 방법은 자신에게 달려있고 그것이 우리 모두에게 차이를 낸다. 우기 비유를 계속 이어가자면 비는 비옥한 땅, 메마른 사막, 암석 위에 떨어지고 각 환경은 생명을 주는 비의 잠재력에 다르게 반응한다. 즉, 우리는 본성에 따라 프라나후티에 제각각 반응한다. 우리가 잘 수용하고 겸손하며 내면에 정서적 공간이 있으면 프라나후티는 쏟아져 들어온다. 그리고 우리가 받은 프라나후티는 우리 몸 전체에 흐른다. 우리가 프라나후티를 받아들여 가슴이 그 정수로 흠뻑 젖으면 무의식적으로 다른 사람들과 공유한다. 또한 트랜스미션을 받고 나면 그것을 타인에게 보낼 수 있다.

트랜스미션 없는 하트풀니스 세션은 없으며 트랜스미션의 목적은 다양하다. 가령 걸을 수 없는 사람을 상상해보자. 이 사람에게는 지팡이나 목발, 휠체어가 필요하다. 트랜스미션은 이같이 자기 마음을 조절할 수 없거나 의식의 다양한 층을 오가지 못하는 사람이 '초의식'으로 갈 수 있도록 길을 준비하게 해준다. 여기서 초의식이란 협소한 범위의 의식 위에 있는 광활한 의식 스펙트럼을 말한다.

의식층을 오가지 못하는 사람은 자기 노력만으로는 의식에서 조금도 움직일 수 없다. 트랜스미션은 의식을 다른 차원으로 확장하도록 돕는 지팡이나 목발 역할을 한다. 우리가 한 단계에서 다른 단계로 초월해 초의식으로 더 높이 솟구치고, 더 깊이 들어가 마음의 잠재의식 깊숙한 곳을 정화하도록 돕는 것이다. 이것이 트랜스미션의 주요 역할이다.

우리는 첫 명상 세션에서 트랜스미션의 정수를 받으며 덕분에 근원의 마법이 가능해진다. 트랜스미션이 없는 명상과 트랜스미션이 있는 하트풀니스 명상을 비교해 그 차이를 느낄 때, 트랜스미션이 만드는 의식 변화를 인식할 수 있다.

트랜스미션을 가능하게 하는 인도자의 역할은 뒤에 나오는 인도자 장章에서 알아본다. 트랜스미션이 있는 명상을 경험하는 여러 가지 방법이 있는데, 스마트폰으로 'Heartfulness' 앱App

을 이용해 원격으로 세션을 요청할 수도 있다(한국의 경우, 한국하
트풀니스명상협회www.heartfulnesskorea.org로 연락해 트랜스미션이
있는 명상을 안내하는 프리셉터를 소개받을 수 있다. – 옮긴이 주).

더 깊이 들어가기

명상의 기본에 편안해지면 트랜스미션의 흐름을 느끼고 내면에
서 일어나는 일을 목격하는 한편 더 깊이 들어가기 시작한다. 이
는 우리가 보다 기민하고 의식적이며 과정에 적응하는 데 도움
을 준다.

처음에는 어떤 깊이에 도달하고 그 깊이에 익숙해진다.

하지만 얼마의 기간이 지난 뒤 마치 더 깊이 들어갈 수 없거
나, 넘어갈 수 없는 문턱(의식의 경계)이 있는 것처럼 정체된 느낌
을 받는다. 이럴 때 무엇을 할 수 있을까? 때론 명상하는 것 같지
않고 불안하고 산만한 느낌이 든다. 계속 진행하는 것이 해결 방
법이다. 곧 상태가 바뀌고 다시 더 깊이 들어갈 수 있음을 알아
챈다. 특히 트랜스미션 전달이 가능한 트레이너와 함께 명상할
때 그렇다.

시간이 지나면 의식 안에 움직이는 경계가 있음을 발견한다.
1년 전과 현재의 깊이를 비교할 수 있는가? 특정 경계를 넘어가
면 우리는 갑자기 새로운 영역이나 환경에 놓인다. 처음에는 새

로운 수준의 의식과 연결되지도 않고 관찰할 수도 없다. 이것이 우리가 명상 중 더 깊이 들어가면 자각을 잃어버리는 이유다.

명상을 막 시작한 사람이 명상 중에 느끼는 깊이와 숙련자가 느끼는 깊이는 다르다. 어린아이라면 한 발만 물에 담그고 있어도 붙잡아주어야 하지만 수영 방법을 아는 사람은 수심이 깊은 바다에서도 살아남을 수 있다. 단계마다 새로운 깊이로 여행하기 때문에 우리는 명상을 계속 이어가면서 다른 수준의 의식에 점차 익숙해진다.

매번 자각을 잃는 까닭에 표면상으로는 하나의 몰입 상태와 다른 몰입 상태에 차이가 없는 것처럼 보이기도 한다. 그러나 명상 후 상태를 보면 이전에 느꼈던 가벼움과 현재 느끼는 가벼움이 다르다. 의식은 끝없이 확장하는 캔버스다.

명상을 잘하려면 마음과 가슴이 잘 쉬어야 한다. 신체 휴식은 필수다. 나른한 마음과 무력한 몸으로는 어디로도 갈 수 없다. 잠에서 깼을 때 너무 졸려 명상이 어렵다면 조깅, 산책, 수영을 한 뒤 돌아와 명상한다.

근육을 키우려는 사람들은 흔히 매일 체육관에 가겠다는 계획을 세운다. 그런데 운동은 힘들고 몸이 욱신거리기 때문에 몇몇은 며칠 만에 흥미를 잃어버린다. 어떤 사람은 진지하게 3개월, 6개월 혹은 3년 동안 열심히 훈련하고 결과를 본다. 시간이 지나면 근육은 확실히 강해진다. 명상도 이와 같다. 명상에서 경험하는 변화는 눈에 보이지 않지만 우리는 그 변화를 느낀다.

생각으로 무엇을 할까

우리 모두 지속해서 직면하는 문제가 있다. 그것은 우리 마음에 늘 올라오는 생각의 대폭풍이다. 아래 글은 내 첫 번째 인도자인 바부지Babuji의 책《여명의 실체Reality at Dawn》에서 발췌한 것으로, 이 문제를 어떻게 해결해야 하는지 명확한 안내를 제공하고 있다.

일반적으로 사람들은 명상할 때 수많은 생각이 스멀스멀 떠오르는 것을 두고 불평한다. 그들은 마음이 정지하지 않으면 수행에 실패했다고 생각한다. 그렇지 않다. 우리는 집중하는 게 아니라 명상하는 것이다. 그때그때 마음으로 들어오는 외부 생각에 무관심한 채 계속 명상한다. 끊임없는 생각의 흐름은 의식 활동 때문이며 이는 결코 쉬는 법이 없다. 의식적 마음이 떠돌아다니며 수많은 생각을 만들어도 우리는 잠재의식적 마음으로 계속 명상한다. 결국 우리는 어떤 식으로든 패자가 아니다. 충분한 수행 뒤 때가 오면 의식적 마음도 틀이 잡혀 잠재의식적 마음과 조화를 이뤄 움직이기 시작한다. 그 결과 깊이 뿌리내린 지속적인 고요함, 즉 영혼의 특징이 지배하게 된다.

생각 관리와 관련된 두 번째 안내가 있다. 우리는 모두 명상하는 동안 마음이 고요하고 생각이 끊긴 상태에 이르길 원한다. 그런데 우리는 하루 중 명상하지 않는 남은 23시간 동안 마음으로 무엇을 하는가? 당신 자신을 관찰해보라. 23시간 동안 마음이 온갖 곳을 헤매고 다니는데 어떻게 한 시간 동안 고요하게 머물 수 있을까?

하루 내내 마음을 조절하는 한 가지 방법은 명상하는 동안 경험한 상태를 지닌 채 명상 상태에 머무는 것이다. 또한 어디에 있든 아래 암시법을 따를 수도 있다.

> 당신 주변의 모든 것이 신성한 기억에 흡수되어 있다고 생각합니다. 먼저 당신 자신이 신성한 기억에 흡수되어 있음을 느끼며 시작합니다. 그러면 그 울림이 밖에서도 느껴집니다.

문득 생각이 끊어졌음을 알아채는 때가 온다. 마음은 고요하다. 천천히, 조금씩 아주 조금씩 미세하게 조정이 이뤄진다. 외부 대상마저 신성한 기억에 흡수되어 있음을 느끼는 수행은 마음이 집중하게 한다. 이는 〈스타워즈〉에서 요다가 말한 것처럼 놀라운 혜택이다.

"빛나는 존재인 우리는 이런 거친 물질이 아니다. 네 주위를 둘러싼 포스force를 느껴야만 한다. 여기 너와 나 사이에, 나무에, 돌에, 심지어 이 땅과 저 우주선 사이 모든 것에서."

다른 혜택도 있다. 극장에 있든, 쇼핑몰이나 학교에 있든, 위 암시법을 행할 때 당신 주변의 느낌에서 어떤 일이 일어나는지 상상할 수 있는가? 실험해보라.

할 일이 없을 때 위 암시법을 따라 해보라.

당신은 신성한 기억으로 흡수되고 그 흡수 상태를 천천히 확장해 당신 주변뿐 아니라 저 멀리 어딘가에 사는 친구까지 떠올리게 된다. 당신은 진동을 사방으로 보낸다. 그리고 그 느낌을 확장하도록 허락한다. 스스로 제약하지 않는 한 이 확장에는 한계가 없다. 의식 확장을 허락할 때 지구는 아주 작아지고 우주마저 작아진다. 이것은 사랑으로 가득 찬 의식이다.

명상은 끊임없이 확장하는 수행이다. 오늘 명상을 조금 하면 내일은 좀 더 한다. 매일 명상하도록 노력해야 한다. 여기에 익숙해지면 매일 같은 시간에 명상하기 위해 시간을 고정한다. 분명 명상 상태가 타인에게 울림을 주는 날이 올 것이다. 그렇게 당신은 타인에게 영향력을 미친다.

일단 명상하는 동안 마음을 조절할 수 있으면 그다음 단계는 명상 이외의 시간에 마음을 조절하는 일이다. 생각은 항상 올라오지만 명상하는 동안에는 내면에서 무슨 일이 일어나는지 완전히 인식한다. 생각이 내내 올라오기 때문에 그처럼 시끄럽게 떠드는 것이다.

트레이너에게 세션을 받으면 가끔 다른 때보다 생각이 더 강렬하게 올라온다. 좋은 생각이면 그 생각을 즐기고 점점 더 크게 확장한다. 그리 좋지 않은 생각, 불편한 생각이 떠오르면 그것이 왜 지금 나타나는지 궁금해하며 내면에서 분투할 수도 있다. 좋든 나쁘든 당신의 잠재의식에서 떠오른 그 모든 생각이 사라질 것임을 기억하면 도움을 받는다. 실제로 나중에 그 생각을 다시 떠올리는 일은 매우 드문데, 이는 그런 생각이 알 수 없는 곳에서 와 알 수 없는 곳으로 흘러가기 때문이다. 그러니 흘러가게 두자. 그저 당신이 명상 중임을 부드럽게 상기하자.

애초에 그 생각은 어떻게 잠재의식으로 들어가 자리 잡을까? 이는 다음 장에서 인상 축적과 정화를 살펴볼 때 더 쉽게 이해할 수 있을 것이다.

관찰

나는 명상 후 몇 분 동안 내 신체 시스템을 스캔해 내가 어떻게 느끼고 내면에서 무슨 일이 일어났는지 항상 관찰하는 것이 매우 유용하다는 걸 발견했다. 그렇게 관찰한 것은 일기에 적는다. 그러면 늘 다른 일이 벌어졌음을 알아챈다. 때론 아무 일도 일어나지 않는 것 같다. 그래도 괜찮다. 이를테면 '오늘 아무것도 경험하지 못함'이나 '마음에 생각이 너무 많이 올라와 제대로 명상하지 못함'이라고 쓸 수도 있다. 과학자가 하듯 그저 일어난 일을 그대로 적는다. 또한 당신은 수행 중 관심사에, 내면을 관찰하는 능력에, 여러 상태를 묘사하는 민감성에 그리고 당신의 기분에 주기가 있음을 알아챌 것이다. 경험에 여러 다른 유형이 있음에도 주목할 것이고 말이다.

내 경험을 예로 들어보자. 나는 몇 년 전 내가 적은 내용에 깜짝 놀랐다. 그 내용을 적을 당시에는 그 경험이 별것 아닌 것처럼 보였다. 나는 명상 중 어떤 사람을 보았고 그와 내가 하나가 되었다고 적었다. 어제 우연히 일기장을 펼쳤다가 그 내용을 보고 로켓이 나를 강타한 듯한 느낌을 받았다. 나는 울기 시작했다. 그토록 엄청난 영향을 받았으나 기록을 남길 때 그것은 내게 아무 의미가 없었다.

다른 예를 들어보자. 1979년 내가 아직 인도에서 살고 있을 때, 나는 꿈을 꾸었고 그 꿈에서 본 장소를 일기장에 적어놓았다. 그 장소에는 개울, 46미터 높이의 거대한 나무, 커다란 캐노피, 큰 연못, 작은 집이 있었다. 꿈에서 나는 내 두 번째 인도자인 차리지Chariji 옆에 앉았고 우리와 함께 네댓 명이 더 있었다.

나는 꿈속에서조차 의아해했다. '여긴 외국이잖아. 나는 인도에 있는데.' 그런데 1986년 우리는 애틀랜타에 있었고 차리지는 "올버니로 갑시다"라고 말했다. 대여섯 명이 뉴욕주 올버니로 갔는데 우리가 방문한 그 장소는 내가 꿈에서 보고 일기장에 적은 곳이었다. 바로 그 장소를 꿈꾼 것이다.

그러니 평범해 보이는 것일지라도 일기에 쓰자. 예를 들면 '다람쥐를 보았다' 같은 것도 적는다. 나중에 그 다람쥐를 만날 수도 있다! 명상 중 느끼는 것을 적어라. 꿈과 생각은 물론 자신에게 느끼는 감정, 가족에게 느끼는 감정, 타인·당신의 인도자·신에게 느끼는 감정, 읽은 책과 본 영화에서 느끼는 감정도 적을 수 있다. 정말 많은 것을 쓸 수 있다.

그럼 '상태condition'라고도 부르는 이런 내적 양상을 어떻게 관찰하고 '읽어'낼 수 있을까? 첫 번째 단계는 상태를 만들고 그 상태가 우리에게 말하도록 하는 것이다. 경험을 일기에 적는 것은 이 능력을 길러준다. 이는 이러한 상태를 유지하는 첫 단계이기도 하다.

내면 상태를 읽는 것은 상대적인 일이다. 당신이 모르는 외국어를 읽는 상황을 상상해보라. 가령 중국어, 타밀어, 그리스어는 모두 내게 낯선 문자이며 외계어나 마찬가지다. 때론 어떤 언어로 쓰인 것인지조차 알지 못한다. 시작은 이런 식이다. '무언가 쓰여 있음.' 그다음 문자를 식별하기 시작해 단어, 문장, 미묘한 뉘앙스를 알아본다. 일단 어느 지점에서든 시작하면 이는 자동으로 따라온다.

이를 돕기 위해 명상하기 전에 신체 시스템 전체를 위에서 아래로 스캔하고 관찰한다. 이어 천천히 명상으로 들어간다.

명상을 끝내면 명상 전과 후 상태에 달라진 것이 있는지 본다. 그런 다음 차이점을 마음에 담아둔다.

당신은 그 상태를 열반Nirvana, 초연함detachment 또는 무한한 의식 존재(사트-치트-아난드sat-chit-anand) 상태로 이름 붙이지 못할 수도 있다. 그래도 낮 동안 그 느낌을 떠올린다. 그것이 인상적이라면 일주일이 지나도 기억날 것이다. '지난 금요일 명상은 특별했어. 참 아름다웠지.' 우선 그 경험에 익숙해진 뒤 관찰한다. 이후 어떤 일이 일어날까? 망고 이름을 모르는 이에게 망고를 주는 것과 같은 일이다. 이름을 아는 것은 그가 망고를 다시 먹고 싶어 요청할 때만 중요하다. 과일 이름을 잊더라도 그는 "그 과일 말이야, 정말 맛있었어"라고 말할 것이다. 일단 경험하면 가끔 그 경험을 떠올리고 되새긴다.

어떤 명상 경험은 두고두고 잊지 못한다. 마법에 빠진 듯한 경험이라 인상이 깊기 때문이다. 그 명상이 그렇게 중요했을까? 아니다. 나를 변화시키고 고양하지만 여전히 내게 떠오르는 상태일 뿐이다. 그런 명상 이후 당신 마음과 가슴 상태의 차이를 목격하면, 그 상태를 붙잡아둘 수 있을 것이다. 그 상태를 뭐라고 부르든 상관없다.

명상 상태 만들기

명상할 때마다 우리에게는 독특한 무언가가 주어진다. 이것이 우리가 영적 자양분과 영적 부유함을 얻는 방법이다. 그러면 우리에게 선물로 주어진 새로운 상태를 어떻게 보존할 수 있을까?

첫 단계는 우리에게 영적 자양분이 주어지는 것을 알고, 이를 얻고 보존하고 더 키우고자 노력하도록 충분히 민감해지는 일이다.

나는 이것을 습득하기acquire, 생생하게 만들기enliven, 스며들기imbibe, 하나 되기become one with it 그리고 궁극적으로 일치 상태 되기a state of union, 즉 AEIOU라고 부른다. 우리는 이를 확보하고, 이것은 우리와 하나가 된다. 우리는 이것과 결합한다. AEIOU로 하면 기억하기 쉽다.

우리 내면을 관찰하고, 우리 상태를 인식하고 하나가 되려 노력하고, 음미하고, 생생하게 만들고, 우리 것으로 만드는 것은 명상 후 단 5분이면 가능하다. 그러면 성장할 기회를 얻는다. 우리가 칼을 가는 것은 채소를 썰기 위해서다. 의식을 예리하게 다듬는 것은 낮 동안 의식을 사용하기 위해서다. 그것은 우리 의식이 얼마나 예리한지 아는 데 도움을 준다. 아침 명상을 하는 동안 우리는 특정 의식 수준에 도달한다. 일상생활에서 그 상태를 마음에 담아두면 우리는 눈을 뜨고도 아침 상태를 완전히 유지할 수 있다.

그 상태를 '완전히 유지한다'라는 것은 무슨 뜻일까? 비유하자면 이러하다. 어떤 사람이 농담을 했는데 나중에 집에 가서 그 농담이 생각나 크게 웃는다. 아들이 "아빠, 무슨 일이에요?"라고 묻자 당신은 "농담 하나가 생각나서"라고 설명한다. 이같이 아침 명상 중에 떠오른 상태가 정말 좋고, 심오하고, 강렬하면 이후 당신에게 다시 돌아온다. 당신은 그 상태로 걷고, 일하고, 쉬고, 거기에 완전히 스며드는 것을 배운다. 이것이 우리가 밤낮으로 유지하려는 명상 상태다.

일단 명상하는 동안 평온함과 순수함이 내면에 만들어지면, 그 상태를 마음에 담는 것을 배운다. 이는 '눈 뜨고 명상하기meditation with open eyes' '지속적인 기억constant remembrance'으로 알려진 기술로, 낮 동안 우리 삶의 모든 면에서 명상하는 동안 받은 상태를 유지하게 한다.

명상 후 5~6분은 이를 성취하기에 매우 생산적인 시간이다. 당신이 득을 보도록 그 시간을 현명하게 사용하라.

내면의 명상 상태는 장미향보다 더 오묘하다. 그것이 허공으로 쉽게 사라져 기억하지 못할 수도 있다. 우리에게 주어진 그 상태를 유지하기 위해 명상 바로 뒤에 피해야 할 것이 몇 가지 있다.

명상 직후 곧바로 당신의 주의를 외부로 돌리지 않도록 노력하라. 명상 후 외부 환경에 변화를 주지 말라는 뜻이다. 만약 선풍기가 켜져 있으면 그대로 둔다. 선풍기가 꺼져 있으면 켜지 않는다. 선풍기를 켜고 끄는 행위는 주의가 밖으로 가도록 한다. 이와 비슷하게 명상 바로 뒤에는 물을 마시지 않는다. 어떤 사람이 울고 있거나 타인에게 나쁜 소식을 전해야 할 때, 물을 한 잔 주는 것은 그 사람이 침착해지도록 하기 위해서다. 주의가 내면에서 외부로 향하기 때문이다. 이런 상황에서 물을 주면 상황을 더 낫게 바꾼다. 같은 이유로 명상 뒤에 물을 마시면 그 상태가 사라질 수 있다. 즉, 그것은 우리의 주의를 밖으로 돌린다.

새로 덮은 시멘트를 예로 들어보자. 시멘트가 다 마르기 전까지는 그 위를 걷지 않는 것이 좋다. 그 위를 밟거나, 개가 지나가게 두거나, 어떤 사람이 '모니카 사랑해'라고 쓰게 두면 시멘트에 영원히 자국이 남는다. 우리의 내면 상태도 시멘트처럼 가슴에 안착해야 하므로 관심이 필요하다. 우선 그 상태가 당신 내면에 어떻게 자리 잡는지 관찰하고, 어떻게 당신의 시스템을 흠뻑 적시는지 느낀다. 그다음 눈을 뜨고 그 상태를 관찰한 뒤 마음에 담을 자신이 생기면, 확신하며 일어나 하루 동안 그 상태를 유지한다.

명상으로 얻은 그 상태는 시멘트보다 훨씬 더 미세하고 오묘하다. 그 상태는 단순한 부주의로 사라질 수도 있다. 그러니 부드럽고 조심스럽게 다뤄야 한다. 5분 동안 그 상태를 음미하고 흡수한 다음, 그 상태를 키우고 성장시키는 데 필요한 모든 도움을 얻겠다는 결심을 하고 일어난다. 인도guidance는 당신 내면에서 시작한다. 그 상태를 보존하고 발전시키려는 의지, 관심, 의도를 가져라.

눈을 뜬 채로 명상 상태를 유지하도록 노력하라. 가슴의 중심에 머물고, 지각력을 가지고 가슴으로 이해하려 노력한다. 주변 사물을 관찰할 때는 꾸준히 마음으로 관심을 기울인다. 내면의 레이더를 연다. 분별력을 키우고 싶다면 이런 습관을 길러야 한다!

균형 잡히지 않은 마음은 레이더와 방향성을 잃는다. 순수한 마음은 중심이 잡혀있기에 내면에서 방향을 찾는다. 안정적인 마음 역시 자기중심을 찾는다. 결국 명상은 궁극적으로 당신의 중심으로 데려다주어 그 중심을 느끼게 한다. 그러면 당신은 항상 내면의 인도를 받고 특히 잘못된 것에 관해 메시지를 듣는다. 진리는 본질이기에 전혀 말하지 않을 수도 있다.

영성의 첫 단계 혹은 성취는 인식력과 분별력이다. 옳고 그름, 좋고 나쁨, 명예로움과 불명예스러움을 분별하는 능력이 없으면 내면의 레이더는 사라진다. 내면의 레이더는 순수한 마음을 지닐 때 매우 강력한 힘을 발휘한다. 순수한 마음은 많은 것을 알 수 있다.

명상 상태가 '지속적인 기억'으로 깊어지면 의식의 전 스펙트럼은 존재의 토대로써 당신의 중심과 접촉을 유지한다. 그리고 시간이 흐르면서 잠재되어 있던 연결감이 사랑으로 꽃을 피운다. 우리가 언제나 사랑하는 이들을 기억하듯 그 반대도 마찬가지다. 우리가 더 기억할수록 사랑은 더욱 커진다.

하트풀니스가 무엇인지 정의하자면 바로 사랑이다. 하트풀니스는 우리 '자신'과 창조주 간의 러브스토리다.

처음에 우리는 창조주나 신이 무엇인지 알지 못하며, 모르는 대상을 사랑하는 건 어려운 일이다. 그래서 관계의 우리 측면인 '나'에 초점을 두고 시작한다. 그러면 인도자가 도움을 준다. 인도자는 신의 영역에서 경험이 풍부하고 안정적이기에 우리의 관심을 '나'에서 '우리'로 부드럽게 옮겨준다. 이러한 '나'와 '우리'의 역동은 시간이 흐름에 따라 의식의 여러 층을 거치며 진화하고 확장한다. 또한 인도자는 우리가 의식의 여러 층을 경험할 때 인간 수준에서 식별할 수 있는 존재다. 인도자가 트랜스미션과 지지로 우리를 도울수록 우리의 관심은 선물에서 선물을 주는 자에게로 옮겨간다. 이와 함께 점점 더 그가 주는 도움의 진가를 알아채고 그를 향한 감사함이 더욱 커진다. 이 감사함의 영향으로 우리는 그를 더 자주 기억하며 어느 정도 시간이 흐르면 사랑이 싹튼다. 어느 시점에 우리는 커다란 사랑을 느끼지만 어떻게 이런 일이 일어났는지 모른다.

이 모든 것은 명상이라는 단순한 행위로 시작한다. 명상은 지속적인 기억의 어머니다. 어머니가 없으면 자녀도 없다. 명상이라는 엄마 없이 지속적인 기억은 없다.

낮 동안 다른 일을 하면서 여전히 명상 상태를 유지하는 능력은 우리 모두 잘 이해하는 또 다른 과정이며, 이는 어려운 일이 아니다. 자전거 타기를 배우는 아이를 생각해보자. 아이에게 처음 가르칠 때는 집에서 세발자전거를 가져와 아이가 페달을 제대로 밟는 것을 배우는 동안 자전거를 잡아주며 돕는다. 곧이어 세발자전거에서 뒤에 보조바퀴가 달린 두발자전거로 바꿔 가져온다. 얼마 동안 연습하면 아이는 보조바퀴를 뗀 두발자전거를 타게 된다. 그러면 무슨 일이 벌어질까? 아이는 더 큰 두발자전거를 타고 유치원이나 학교에 간다.

아이는 친구들과 함께 자전거를 타면서 수다 떨고, 노래 부르고, 교통 상황을 살피며 어디로 가는지 기억한다. 이제 아이는 자전거를 타면서 사물을 관찰한다. 이는 아이에게 쉬운 일이며 이것을 터득하는 데 오랜 시간이 걸리지 않는다.

아이가 다른 일을 하면서 자전거 타는 기술을 터득할 수 있다면, 우리 역시 영적 상태의 페달을 밟는 기술을 숙련할 수 있다. 물론 우리는 가끔 잊을지도 모른다. 그러나 우리가 진정 관심을 기울인다면 명상 후 그때그때 상태의 페달을 밟기 시작할 테고, 명상 상태를 유지하면서 다른 일을 하는 방법을 배울 것이다. 낮 동안 우리 상태의 페달을 밟는 법을 배울 경우, 우리는 동시에 많은 일을 할 수 있다. 이것이 지속적인 기억이다. 간단하다.

연꽃처럼 존재하기

특정 환경에서는 내적 상태를 유지하기가 더 힘들다. 예를 들어 학생들은 대학 기숙사에 관해 불평한다. 만약 당신이 그렇게 되도록 허락하면 무엇이든 해로운 조건이 될 수 있다. 나도 석사학위를 받을 때까지는 9등급 호스텔에서 살았다. 그렇지만 나는 어떤 불리한 상황도 장점으로 바꿀 수 있음을 배웠다.

친구가 당신이 명상하는 것을 보고 놀린다면 이렇게 말해보라. "이봐, 명상하면 네게 많은 도움이 될 거야. 장담할게."

친구에게 다음과 같이 물어보라.

"변하고 싶어? 명상이 변할 수 있게 도와줄 거야."

내가 대학에 있을 때 친구 중 하나가 불면증에 시달렸는데, 그 친구는 잠을 자도 잘못된 시간에 잤다. 우리는 그에게 제안했다.

"여기 와서 명상해봐. 수면 패턴이 좋아질 거야."

바로 첫 번째 명상 세션에 그의 수면 패턴은 정상으로 돌아왔다. 또 다른 친구는 공부를 잘하는 방법을 몰랐다. 그는 집중력이 너무 낮았고 지도교수는 "캄레시와 함께해봐. 캄레시가 명상하도록 안내해줄 거야. 좋아질 거야"라고 말했다.

한때는 25명 이상의 학생이 명상을 하면서 트레이너가 우리 호스텔에 와 명상 세션을 진행하기도 했다. 어떤 상황이든 그것은 우리가 어떻게 하느냐에 따라 달라진다. 단순함은 약점이 아니다. 순수함도 마찬가지다. 우리가 그렇게 되도록 허락하기만 하면 단순함과 순수함은 오히려 강력하다.

명상 중에 주어진 오묘한 상태를 가꿔 나가면 시간이 지남에 따라 아름다운 환경을 조성할 수 있다. 당신과 당신 가족이 명상하고, 친구들도 당신 집으로 와 명상할 때 그 가정에 어떤 환경이 조성될지 상상해보라. 아마 가벼움, 평화, 기쁨이 가득할 것이다. 모두가 그 공간에서 행복을 느끼리라.

우리의 집단적 사고와 느낌이 조성하는 분위기를 에그레고어 egregore(영적 집단의식 혹은 집단적 염체 - 옮긴이 주)라고 한다. 우리 모두 함께 명상하면 오묘하고도 사랑스러운 화합의 장이 만들어진다. 나아가 충분히 많은 사람이 명상하면 에그레고어가 특정한 극적 전환점(티핑포인트tipping point)에 도달한다. 그러면 인류의 진로까지 바뀐다.

5. 과거 내려놓기: 정화

명상하는 동안 모두가 직면하는 문제 중 하나는 자기 생각과 느낌에서 기인하는 산만함이다. 마음을 고요하게 하고 의식의 장을 정화할 무언가가 필요하다. 하트풀니스에는 '정화Cleaning'라고 부르는 정신 해독mental detoxification 수행이 있다. 정화 수행은 낮 동안 마음에 쌓인 복잡성, 불순물, 감정상의 무거움을 제거하고 명상에 더 깊이 들어가도록 돕는다. 우리는 더 가볍고 평온한 기분을 느낀다. 그러한 복잡성과 불순물은 반복된 느낌, 정서, 생각 패턴의 결과로 쌓이며 결국 반복 행동을 일으킨다. 그 행동은 마음에 인상을 만드는 습관으로 자리한다. 시간이 흐르면서 그 고정된 행동 패턴이 점점 더 굳어져 미묘체에 인상을 형성하는 것이다.

다음과 같은 영국 속담이 있다.

생각을 심으면 행동을 거두고
행동을 심으면 습관을 거두고
습관을 심으면 성격을 거두고
성격을 심으면 운명을 거둔다.

어떻게 인상을 형성하는가

정원을 걷다가 공기 중에 떠다니는 싱그러운 장미향을 맡았다고 해보자. 다음 날 같은 장소를 걸으면 당신은 싱그러운 향기를 더 알아채고 장미 덤불을 찾는다. 이윽고 당신은 장미 덤불을 발견하고 가까이 다가가 얼마나 아름다운지 관찰한다. 그렇게 향과 아름다운 모습을 즐긴 후 계속 걸어간다. 세 번째 날 당신은 꽃을 잡아보고, 네 번째 날에는 꽃을 꺾어 집으로 가져온다. 그렇게 우리는 인상을 형성한다. 향을 맡는 것만으로는 행복하지 않다. 가져오고 싶고 소유하고 싶다. 그러면 붙들린다!

한 성자의 이야기가 있다. 그는 밀림에서 평화롭게 명상하고 있었다. 그에게는 아무 문제가 없었다. 더없이 행복했고 근처 마을 사람들에게 존경받았다. 그의 걱정거리란 허리싸개뿐이었다. 그는 밤에 허리싸개를 세탁해 나뭇가지에 널어 말렸는데, 작은 쥐 몇 마리가 그 허리싸개를 갉아먹었다. 그의 허리싸개는 점차 줄어들고 있었다.

그러자 마을 사람들이 "고양이를 한 마리 기르시지요"라고 제안했다. 마을 사람들은 성자에게 쥐를 쫓을 고양이를 구해주었다. 그런데 고양이를 기르려면 우유가 필요했다. 어떤 이가 매일 아침 고양이에게 먹일 우유를 가져다주기 시작했으나 곧 지쳐버렸다.

마을 사람들은 "어떻게 매일 저녁 여기에 왔다가 다시 목숨 걸고 마을로 돌아가겠어요?"라고 말했다.

이들은 성자에게 소를 주기로 결정했다. 이제 허리싸개를 갉아먹는 쥐를 잡을 고양이에게 먹일 소젖을 짤 누군가가 필요했다. 마을 사람들은 소젖을 짤 하녀를 보냈다. 성자는 하녀와 사랑에 빠졌고 가정을 이뤘다. 작은 욕망 하나가 연쇄 반응을 일으킨 것이다!

소망이 이뤄졌는지 아닌지, 이룰 수 있는지 없는지는 중요하지 않다.

마음에 뿌려진 한 톨의 씨앗은 싹틀 기회를 기다린다. 열 번의 생을 묻힌 채 기다릴 수도 있다. 어린 사내아이는 대체로 원격 조종 자동차 장난감을 몹시 갖고 싶어 한다. 성인이 되어도 그 인상은 여전히 따라온다. '이런저런 자동차를 사야겠어.' 그 차가 없으면 당신은 비참하다. 가장 큰 문제는 일반적으로 우리가 우리에게 그런 소망이 있다는 것조차 의식하지 못한다는 점이다.

스와미 비베카난다는 그의 책《냐너 요가Jñāna Yoga》(한국에서 '즈나나 요가'로 알려짐-옮긴이 주)에서 이러한 인상 형성 과정과 함께 그 결과 우리가 발전시키는 범주를 묘사하고 있다.

길을 걷다가 개 한 마리를 봤다고 해보자. 개라는 것을 내가 어떻게 알 수 있을까? 나는 마음속에 개를 떠올린다. 내 마음 안에는 과거의 모든 경험 그룹이 정연하게 분리되어 있다. 새로운 인상이 나타나자마자 나는 그것을 받아들여 오래된 마음의 분류 칸 그룹을 참고해 떠올린다. 이미 존재하는 유사한 인상을 찾으면 그 그룹에 새로운 인상을 넣으며 만족해한다. 나는 그것이 개라는 걸 안다. 이미 존재하는 인상에 부합하기 때문이다.

내면에서 새로운 경험의 범주를 찾지 못하면 나는 흡족해하지 않는다. 인상의 범주를 찾지 못할 경우 우리는 불만족스러워한다. 이런 마음 상태를 '무지ignorance'라고 한다. 그러나 이미 존재하는 인상의 범주를 찾으면 우리는 만족해하며 이를 '지식'이라 한다. 사과 한 알이 떨어지면 인간은 불만족스럽다. 그러다 사람들은 점차 사과 무더기를 발견한다. 그들이 발견한 무더기는 무엇인가? 모든 사과가 떨어지는 것을 사람들은 '중력'이라

불렀다. 이제 우리는 이미 존재하는 경험의 축적 없이는 어떤 새로운 경험도 불가능함을 알았다. 새로운 경험을 참조할 수 있는 것이 아무것도 없기 때문이다.[1]

어떠한 생각과 행동도 인상으로 이어질 수 있고, 그 생각과 행동이 반복되면 습관으로 자리 잡는다. 이는 경직된 사고 패턴을 만드는데 시간이 흐르면서 점점 더 견고해진다.

당신의 마음이 온전하게 고요한 수정이나 맑은 물웅덩이처럼 완벽히 순수하고 고요하다고 상상해보자. 당신은 그 밑바닥까지 다 볼 수 있다. 이제 하나의 생각, 감정, 경험이 그 장field으로 들어와 물이 어지러워지듯 파문과 소란을 만든다. 그 소란을 제거하지 않으면 에너지의 매듭인 인상을 만든다. 인상이 더 깊어지고 굳으면 삼스카라로 자리 잡는다. 삼스카라는 우리의 습관, 두려움, 욕망의 토대로 계속 반복된다. 이는 실개천이 계속 같은 길을 따라가다 보면 개울이 되고 결국 강이 되는 것과 같다.

삼스카라를 제거하지 않으면 우리가 아무리 변화하고 싶어 해도 패턴에 사로잡혀 빠져나올 수 없다.

---

1   Vivekananda, Swami, 1899. *Jnana Yoga*, chapter 12, 'The Cosmos, The Microcosm', Vedanta Press, USA.

과거는 바꿀 수 없어도 과거의 결과로 형성된 삼스카라는 제거할 수 있다. 오늘의 존재가 더 오래된 이 삼스카라를 제거하면 내일의 존재는 어떻게 형성될까? 우리는 이번 생 이전의 모든 삼스카라를 정화할 수 있다. 그런데도 계속 삼스카라를 더 만들 것인가? 이 주제는 우리가 우리의 미래 운명을 어떻게 디자인하는지와 관련해 매우 중요한 측면 중 하나다.

우리가 인상을 형성하는 또 다른 방법은 TV, 영화, 비디오 게임 시청이다. 가령 폭력적인 장면과 낭만적인 장면은 우리에게 영향을 준다. 드라마는 우리 자신의 삶과 거리가 있지만, 우리는 방송 프로그램을 시청한 후 그 인상을 흡수하며 잠자리에 들기 전 마음속에서 장면을 계속 되새긴다.

이때 우리 마음에서는 무슨 일이 벌어지는가? 그 영향을 받지 않고 마음을 평온하게 유지하는가? 우리가 현실의 영향을 받듯 우리는 간혹 미디어의 영향도 받는다. 이런 인상에 영향받지 않을 수 있을까?

물론 TV나 영화 시청을 중단할 필요는 없다. 하지만 그러한 인상이 형성되는 것에 민감해지고 가능하면 예방하는 것이 좋다. 내가 아는 유일한 예방책은 내면의 최상위 자아highest self 와 연결을 유지해 가장 심층 수준의 의식에 몰입하는 상태를 유지하는 것이다. 이 경우 물 위의 연꽃처럼 주변 진흙에 영향받지 않는 상태를 유지한다. 그렇지 않으면 우리는 영향받기 쉬운 상태로 남는다.

TV와 인터넷이라는 현대의 여가 생활에는 다른 측면도 있다. TV와 인터넷은 무엇을 이야기하는가? 우리가 불완전하다는 것을 상기시킨다. '당신 남편은 이렇지 않잖아.' '당신 아이는 이러저러해야 해.' 우리에게 그런 집과 자동차, 친구가 없음을 상기시키고 그러한 음식을 먹어야 하며 여기 혹은 그 관광지에 방문해야 함을 일깨운다. 우리는 자리에 앉아 내게 없는 환상, 요정 이야기, 흥분, 기대, 꿈으로 마음을 채운다. 그러면서 늘 '내 삶이 저렇다면!' 하며 불만족감을 느낀다.

인상의 유형

어떤 종류의 인상이 우리 삶을 지배하는가? 다양한 종류의 인상이 있을 수 있다. 세속적인 걱정, 타인을 향한 성적 끌림, 관계 문제, 편견, 욕심, 비통함, 슬픔, 자기 연민, 죄책감, 수치심이 그것이다. 우리의 생각과 행동으로 형성되는 인상 외에 우리가 행하지 않아서 형성되는 인상도 있는데, 이는 더 많은 죄책감을 만든다. 해야 했지만 하지 않은 일이 있으면, 그 일은 우리의 모든 삶을 따라다닌다.

예를 들어 사랑하는 사람에게 상처를 주었으나 끝내 미안하다고 말하지 않았을 수 있다. 이러한 인상은 제거하기 어렵다.

우리가 스스로 인상을 형성하는 것에 더해 우리가 타인의 인상 형성 도구가 될 때는 어떠한가? 이를테면 우리가 그냥 툭 던진 비판이 타인에게 깊은 상처를 주어 그가 며칠을 괴로워할 수 있다. 젊은 남성은 예쁜 여성의 추파에 일주일간 얼이 빠질 수 있다. 조심성 없는 생활방식으로 아름다운 행성을 계속 오염시키면 분명코 그 행동에 따른 결과를 맞이하고 만다.

이 모든 것을 다르게 바라보는 방법이 있다. 삼스카라 형성은 삶을 사랑으로 이끈다는 원칙에서 벗어날 때 일어난다는 것이다. 우리는 부자연스러워지며 그 부자연스러운 삶은 우리가 삼스카라를 형성한다는 것을 의미한다.

이에 관한 재미있는 이야기가 있다. 오래전 일본인 스승이 선zen을 물어보러 온 한 대학교수를 맞이했다. 차를 내온 선승은 교수의 컵에 차를 따를 때 컵에서 넘칠 때까지 계속 부었다.

얼마간 이를 보고 있던 교수는 더 이상 가만히 있을 수 없어서 "차가 넘칩니다. 그만하세요"라고 말했다. 선승은 "이 컵처럼 당신은 자기 의견과 신념으로 가득 차 있습니다"라고 응대했다.

"먼저 당신 컵을 비우지 않는다면 제가 어떻게 당신을 가르칠 수 있겠습니까?"

어떻게 정화하는가

하트풀니스 정화 수행은 하루 일을 마친 뒤, 이상적으로는 해지기 전에 한다. 정화 수행은 스스로를 환기하고, 내면에 공간을 만들고, 시스템에 쌓인 무거움을 제거한다.

정화 수행은 단순하지만 몇 가지 단계가 있다. 그러므로 처음에는 아래 순서에 따라 수행하는 것이 바람직하다.

- 하루 동안 쌓인 모든 인상을 제거하려는 의도로 편안한 자세로 앉습니다.

- 눈을 감습니다.

- 모든 복잡성과 불순물이 몸 전체에서 빠져나간다고 상상해봅니다.

- 꼬리뼈와 정수리 사이 몸 뒤쪽으로 모든 복잡한 불순물이 흘러나오고 있습니다.

- 그것이 연기 형태로 몸 밖으로 빠져나가는 것을 느껴봅니다.

- 하늘을 지나가는 구름을 바라보듯 의식을 명료하게 유지합니다.

- 필요에 따라 자신의 의지를 적용하면서 자신감과 결단력을 가지고 부드럽게 과정에 속도를 냅니다.

- 주의가 흐트러지거나 오늘 있었던 일들이 떠오르면 부드럽게 다시 정화에 집중하십시오.

- 이 과정을 20~30분 동안 계속합니다.

- 내면의 가벼움을 경험하면 자연스럽게 근원과 더 쉽게 연결됨을 느낍니다. 근원에서 오는 순수함의 흐름이 몸 앞쪽을 통해 당신의 신체 시스템으로 들어오는 것을 느낍니다.

- 이 흐름은 몸 전체 시스템을 따라가면서 남아있는 복잡성과 불순물을 제거합니다.

- 이제 당신은 더 단순하고 순수하며 균형 잡힌 상태로 돌아갔습니다. 몸의 모든 세포가 단순함, 가벼움, 순수함을 발산하고 있습니다.

얼마간 수행하면 자전거 페달을 밟는 것처럼 더 이상 위 순서를 단계별로 따를 필요가 없어진다. 눈을 감는 순간 단계가 저절로 일어나 말이 필요 없을 것이다.

물론 위 순서에 따라 규칙적으로 정화해도 여전히 '내가 제대로 했나?' 하는 의문이 생길 수 있다. 올바르게 정화했다는 것을 어떻게 판단할 수 있을까? 한 가지 방법이 있다. 트레이너에게 갔을 때와 비교해보라. 트레이너와 함께하는 명상 세션 후 당신의 상태가 어떤지 살펴보라. 집에서 홀로 정화했을 때와 비슷하게 가벼움을 느끼는가? 그렇다면 정화 과정을 잘한 것이다. 그렇지 않으면 정화를 계속하라.

무엇을 정화하는가

저녁에 정화하면 낮 동안 쌓인 인상을 내려놓으면서 가슴에 공간이 만들어진다. 정화 수행은 미묘체에 쌓인 인상을 제거한다. 이는 목욕으로 몸의 더러움을 씻어내는 것과 같다.

무엇을 정화하는가? 우리의 의식이다. 의식 정화는 우리의 전 세계관에 연쇄작용을 일으켜 명확함, 이해, 지혜를 가져온다.

순수 의식은 쉽게 분별해 현명한 선택을 할 수 있다. 실제로 라라지는 "인간의 영혼은 그가 지닌 분별력만큼 정화된다"라고 말한 바 있다. 가슴이 순수할수록 더 지혜롭다. 이러한 지혜의 보호가 사라지면 우리는 취약해진다. 이는 지혜로 충만한 삶을 살기를 원하는 이들에게 매우 실용적인 안내다. 또한 이것은 정화 수행의 중요성을 강조한다.

언제 정화하는가

일반적으로 하루 일이 끝나면 정화 수행을 한다. 그런데 만약 낮 동안 아무리 애써도 차분함을 유지할 수 없게 만드는 일이 일어난다면 어떨까? 우리 시스템에 미친 영향을 제거하기 위해 저녁까지 기다려야 할까? 낮에 손이 더러워지면 저녁에 목욕할 때까지 기다리는가? 점심을 먹다가 실수로 셔츠에 음식을 묻히면 그 얼룩을 저녁때까지 그대로 두는가? 그렇지 않다. 얼룩을 최대한 지우기 위해 물과 비누를 사용해 즉시 지우려 한다.

마찬가지로 당신을 불편하게 하는 논쟁이나 어떤 일이 일어나면 즉시 제거하라. 다음과 같은 미묘한 암시를 사용하라. '방금 내게 영향을 미친 일이 연기처럼 등 뒤로 빠져나가고 있다.' 몇 분 후 인상이 사라졌다는 자신감이 생기면 그 인상이 정말 사라졌다고 확고하게 결의한다. 수업 혹은 회의 중이라면 눈을 감고 하지 못하겠지만 그래도 몇 분 정도면 정화할 수 있다.

정화는 모든 것을 바꾼다! 삼스카라를 지우면 과거는 우리를 장악하는 능력을 잃는다.

카르마적 운명의 궤도는 더 이상 고정적이지 않으며 우리에게는 삶을 본래 목적대로 만들 기회가 있다.

어떻게 인상 형성을 피하는가

정화는 우리 시스템에 이미 형성된 인상을 지운다. 그렇다면 애초에 인상이 형성되는 것을 막을 수는 없을까? 몇 가지 단순한 태도와 행동이 여기에 도움을 준다. 예를 들면 언쟁이 벌어졌는데 그 말싸움이 결론이 나지 않을 듯하고, 오늘 남은 시간 동안 의식만 산만하게 만들 거라는 생각이 든다면 언쟁을 멈추고 단지 "미안해요"라고 말한다. 당신은 뒤로 물러나 잠시 멈추고 선택할 수 있다. 예방이 현명한 선택이다.

사무실에 좋지 않은 일이 생겨 잔뜩 긴장하고 좌절감을 느낀 채 귀가했다고 해보자. 딱하게도 당신 부인 역시 정신없는 하루를 보낸 뒤 지치고 배고픈 아이들을 위해 저녁 요리를 하려 한다. 무슨 일이 일어나는가? 서로 아껴주는가? 그런 상황에서는 흔히 말다툼을 벌인다. 그날 스트레스가 많았음을 인식하면 말다툼 대신 우선 진정한다. 집에 들어가자마자 씻고 앉아서 정화 행법을 한다. 의식이 새롭고 맑아지면 가족이나 친구와 갈등을 일으키지도, 말다툼하지도 않는다. 많은 인상이 모여 의식 손상을 방지하므로 당신의 의식이 방어를 받는다고 할 수 있다.

이러한 생활양식이 사소한 모든 것에 반응하는 것보다 훨씬 낫다. 그렇지만 이것 역시 궁극적이고 이상적인 생활양식은 아니다. 여전히 방어적이기 때문이다. 인상을 형성하지 않아 근심과 걱정이 없는 삶이 이상적이다. 이것이 자기 숙련자self-mastery, 스승 혹은 인도자의 삶이다. 이들은 인상을 형성하는 대신 타인이 인상 형성을 중단하도록 돕는다.

우리는 그 어떤 것도 우리를 건드릴 수 없는 생활양식을 목표로 해야 한다. 이 세상을 살아가는 우리에게 어떻게 이것이 가능할까? 명상 상태를 기억하라. 우리 의식은 24시간 작동한다. 우리 의식을 진화시키고 확장하면 얼마간 시간이 흐른 뒤 의식을 보호한다는 생각조차 하지 않는다. 의식이 우리 존재 자체이기 때문이다. 의식은 우리가 불러일으켜야 하는 것이 아니다. 우리가 곧 의식이다.

아침 명상 후 명상 상태를 더 유지할수록 보다 쉽게 인상을 형성하지 않는 삶을 살 수 있다. 우리는 이미 그 방법을 알고 있다. 바로 눈을 뜬 채 명상하는 일이다. 이 상태에서 우리는 사랑에 잠겨 인도자와 함께 삼투osmosis 속(프라나후티 속)에 머물며, 그 상태에서 다른 모든 활동을 한다. 이를 위해서는 의식적인 생활 양식이 필요하다.

정서적 반응

우리는 하트풀니스 정화로 인상을 제거할 수 있다. 그러면 우리를 한 사람으로 정의하는 모든 행동 패턴과 습관은 어떨까? 우리가 인상을 정화하면 행동 패턴과 습관도 저절로 사라질까? 아니면 이를 위해 무언가를 더 해야 할까?

이러한 패턴은 흔히 습관적 특질과 정서 반응을 이끈다. 그럼 물라 나스루딘Mulla Nasruddin의 이야기를 들어보자. 그는 점심으로 매일 똑같은 샐러드 샌드위치를 먹는 것을 두고 점심때마다 불평했다. 그의 동료가 그 불평을 몇 주 동안 계속 듣다가 해결책 하나를 제안했다.

"이봐, 아내에게 다른 걸 만들어달라고 말해보는 건 어때? 새로운 걸 만들어보라고 격려해봐.”

물라가 말했다.

“아, 나 결혼하지 않았어.”

“그럼 누가 점심 도시락을 싸는데?”

“내가.”

우리의 ‘샐러드 샌드위치’ 패턴은 무엇인가? 그 패턴을 바꾸기 위해 우리는 무엇을 하고 있는가?

인상과 행동 경향성은 강물의 범람에 비유할 수 있다. 삼스카라가 강물이라고 해보자. 우리가 삼스카라를 제거하듯 물은 제거할 수 있다. 그런데 다시 비가 오면 무슨 일이 벌어질까? 하상지河床地(하천 범람으로 밀려와서 생긴 퇴적층 – 옮긴이 주)가 있으면 강물은 그 오래된 같은 패턴대로 다시 범람하기 시작한다. 하상지는 습관의 장이며 우리 역시 삼스카라를 재창조한다. 우리가 행동 패턴을 내려놓지 않기 때문이다. 유일한 해결책은 하상지를 제거하는 일이다.

어떻게 해야 할까? 개인적으로 나는 낙천적 태도를 기르는 법을 배웠는데, 이는 나를 수용 상태로 이끈다. 이것은 가능한 일이며 당신이 상상하는 것보다 쉽다. 간단한 공식은 이렇다. 명상하고, 유지하고, 성장한다. 한 단계는 우리를 그다음 단계로 이끈다. 한 번에 한 단계씩 밟아간다. 무엇보다 먼저 수행하면 모든 것이 따라온다. 물론 다음에 무엇이 따라올지 알 수 없기에 때로는 힘이 든다. 이는 안개가 껴서 아무것도 보이지 않는 산속의 밤길을 운전하는 것과 같다. 그래도 천천히 계속 운전하다 보면 길이 점점 선명해진다. 운전을 멈추면 어느 곳에도 갈 수 없다. 영적 여정도 이와 같다. 우리 자신의 능력을 믿고 신뢰와 신념, 자신감을 가지고 걸어가야 한다. 이것을 불러일으켜라. 우리가 우리 역할을 잘하면 인도자가 자신의 일을 더 잘할 수 있다.

가장 아름다운 음악을 생각해보자. 깨끗하게 보관하지 못한 악기를 연주한다고 상상해보라. 그 악기에서 아름다운 소리가 나올까? 먼지와 침으로 속이 꽉 막혀 뒤틀린 소리가 나오는 플루트를 떠올려보라.

줄이 녹슨 기타는 또 어떠한가. 플루트와 기타처럼 가슴은 삶의 복잡성에 발목 잡히지 않을 때 아름다운 음악 소리를 낸다. 정화로 우리가 더 단순하고 순수해지면 가슴은 궁극의 보상을 받아들일 준비를 한다. 바로 이런 가슴에 천국이 내려온다.

6. 근원과 연결하기: 기도

지금까지 이완, 명상, 정화를 살펴보았다. 하트풀니스 수행의 다음 단계는 기도다. 사람들은 대부분 신에게 간절히 원하는 방법으로 기도를 종교와 연관 짓는다. 이것은 우리 이상의, 우리가 소유한 것 이상의 무언가를 간절히 원하는 마음에서 나온 소망과 바람을 말한다. 기도는 우리를 현재 상태에서 우리가 바라는 상태로 데려가도록 고안한 것이다.

　우리는 부족하다고 여기는 것을 위해 기도한다. 가끔은 어려운 시기에 기도하고 도움, 희망, 구원을 얻고자 할 때도 기도한다. 또한 사랑하는 이들의 안녕을 위해, 우리가 저지른 일을 용서받기 위해, 우리의 성격과 태도를 바꾸기 위해 기도한다. 행복, 더 많은 돈, 더 나은 직장, 자녀의 건강을 위해서도 기도한다. 우리는 신이 고통과 문제를 해결해주어 우리 삶과 타인의 삶이 더 나아지길 희망한다. 우리는 어찌할 바를 모를 때, 문제를 스스로 해결할 수 없을 때, 주변 세상이 비춰준 자신의 약점을 봤을 때도 기도한다.

더 깊은 수준에서, 우리는 자신이 부족하다고 느끼는 영적 상태를 위해 기도함으로써 성장하고 진화할 수 있다. 때론 깨달음, 열반, 천국, 해방 혹은 신을 깨닫기 위해 기도한다. 기도는 이기적일 수도 이타적일 수도, 강력할 수도 오묘할 수도 있다. 또한 기도는 작은 사건을 위한 것일 수도, 삶을 변화시킬 만큼 큰 사건에 관한 것일 수도 있다. 세속적인 것과 영적 상태 역시 기도 대상이다.

기도는 의사소통이다. 그 범위는 피상적인 것에서 심오한 것까지 아우른다. 간단한 대화일 수도 있고, 점진적으로 더 깊은 수준의 의사소통으로 진화해 마침내 영적 교감 상태에 이를 수도 있다. 그러므로 기도는 연결성과 그 연결로 우리가 어떻게 트랜스미션의 흐름을 활성화하느냐에 관한 것이다. 나아가 그 흐름 속에서 결국 어떻게 삼투 상태를 확립하느냐에 관한 것이다. 이 개념은 유체流體가 식물과 동물의 세포벽을 가로질러 농도 차이를 만듦으로써, 영양소가 영양 공급을 위해 세포 안으로 흘러드는 방식과 유사하다. 기도는 신성과 우리 사이에 이와 유사한 차이를 만들며 신성이 우리 안으로 흘러들어 영적 수준에서 우리가 풍요로워지게 한다. 이는 간단한 과학이다. 우리 가슴에 공간을 만들어 차이를 냄으로써 신성의 흐름이 흘러들어 결국 신성과의 삼투 상태로 이끈다. 진공vacuity 혹은 무negation 상태 또한 신성과의 헌신 관계를 확립한다. 이렇게 우리는 가장 높은 순수 상태에 도달할 수 있다.

어떻게 기도하는가

기도할 때는 그 방식과 내용이 중요하다. 방식은 우리가 기도하는 방법을 말한다. 기도할 때 우리 태도는 어떠한가? 어떻게 우리 안에 특정 상태를 만들어 신성의 흐름이 우리 가슴으로 흘러들게 하는가?

이 과정은 매우 단순하고 아름답고 과학적이다. 겸손humility, 간절한 기도supplicancy, 순수함innocence 그리고 스스로를 작게 낮추는insignificance 태도로 가슴을 진공으로 만듦으로써 마치 전류가 전선의 양극에서 음극으로 흐르는 것처럼 근원의 흐름이 가슴으로 흘러들어 근원과의 연결을 생생하게 한다. 우리가 해야 할 일은 우리 가슴을 비워 전선의 음극처럼 수용적인 상태로 만드는 것이다.

우리가 내려놓지 않아 태도가 강하거나 요구만 하고, 자기 중요성을 내세우거나 강제로 하려 하면 가슴속 진공이 만들어지지 않아서 흐름이 없다. 이는 당연한 현상이다. 우리 방식에 따라 흐름이 활성화하거나 그 반대인 상태가 만들어진다. 우리가 하는 기도 방식의 오묘함이 흐름에 커다란 차이를 만든다. 우리의 요청은 얼마나 부드럽고 순종적인가? 우리의 접촉은 얼마나 가벼운가? 기도가 형식이 되는 순간 기도의 잠재력은 사라진다.

한번은 차리지와 여행 중일 때 그의 침실에 함께 있었는데, 어느 순간 차리지가 일어나더니 침대 위에 앉아 눈을 감았다. 몇 분 지나자 침실의 전체 분위기가 변했다. 그 변화는 아주 생생했다. 그가 다 마친 후 무엇을 했는지 물었다. 차리지는 "바부지께 기도하고 있었어요"라고 대답했다. 이처럼 기도는 강력한 수행일 수 있다. 그렇지만 우리는 대부분 기도를 잘 활용하지 못한다.

기도로 가득한 가슴은 영원한 향기 혹은 신성의 정수를 어디로든 보낸다. 이는 소중한 이들과 나누는 사랑의 표현이다. 기도에 몰입하는 가슴은 우리가 목표에 깨어있게 한다. 이 몰입은 우리가 결점을 인식하고 이를 제거할 수 있는 해결책을 찾는 데도 도움을 준다.

그다음은 내용, 즉 기도의 주제다. 우리는 많은 것을 위해 기도한다. 기도의 첫 번째 유형은 우리를 힘들게 하는 원치 않는 행동, 걱정, 근심, 상황을 없애기 위한 기도다. 이런 기도는 대부분 도움을 구하는 간청이다. 이 기도는 종종 타인의 고통을 덜어

준다. 우리 자신의 고통을 없애려는 기도일 수도 있다. 특히 상황이 심각하고 다른 도움을 구할 수 없을 때 그렇다. 기도는 카르마 요기yogi(요가 수행자)의 최후 수단이기도 하다. 이 기도가 우리 가슴에서 오는 느낌의 외침일 때 기도는 쉽게 이뤄진다.

기도의 두 번째 유형은 고귀한 품성을 얻고 성장하고 진화하기 위해 지속적인 진보를 원하는 매우 긍정적인 요청이다. 내가 아주 좋아하는 이런 유형의 기도문을 아래에 예시로 제시한다.

- 모든 인류가 삶과 관련해 올바른 생각, 바른 이해, 정직한 태도를 발전시키고 있습니다. 인류는 바른 행동, 완벽한 성격에 도달하고 있습니다.
- 우리 주변의 모든 것과 사람, 공기 분자, 새, 나무 들이 신성한 기억에 깊이 몰입하고 있습니다.
- 세상 모든 이들의 평화를 사랑하는 마음이 커지고 있습니다.

변화를 요청하지 않는 기도도 있다. 대신 감사로 충만하고 그 순간 일어나는 모든 것을 수용하는 기도를 한다. 예를 들어 슬픔을 내면의 간청으로 나누는 것처럼 가슴이 환희와 기쁨으로 넘칠 때 그것을 신과 함께 나눈다.

가슴이 이러한 경의와 감사 상태에서 기뻐할 때 우리는 신성과 연결된다. 모든 사회의 춤과 찬송가, 예술작품 등은 이 내면의 기쁨을 표현한 기도다.

그러나 우리의 감사조차 특정 상태, 위의 경우 기쁨과 환희감에 따른 반응이다. 여전히 경이로운 무언가가 일어난 것에 감사한다는 기대가 있다.

하트풀니스 기도는 완전히 다른 수준에서 작동한다. 어떠한 변화를 달라고 간청하지 않는다. 대신 인간의 상태를 정의하는 세 가지 간단한 문장으로 기도한다. 이 문장은 우리에게 영적 목표를, 여정에서 직면하는 장애를, 목표에 도달하도록 돕는 것을 일깨운다. 이 기도는 기대를 명시하지 않지만 우리가 아직 '그 단계'에 이르지 못했고 우리 앞에 무한한 여정이 있으며, 우리에게 더 정화한 상태를 경험할 희망이 있다면 욕망을 정화하고 제거해야 하는데 신과 우리 상태에 여전히 차이가 존재한다는 내용이다. 이 기도를 하는 동안 우리는 여정의 현재 순간을 기리는 동시에 여정을 계속하고 있음을 받아들인다.

하트풀니스 기도는 취침 시간에 10~15분간 하며, 이는 잠들기 전 근원과 우리를 연결하도록 돕는다. 연결을 재설정하기 위해 아침 명상 전에 할 수도 있다. 이 방법으로 하루를 시작하고 마치면 밤낮으로 근원과의 연결을 확립한다. 시간이 흐름에 따라 이러한 내면의 연결로 자기 숙련이 발전한다.

하트풀니스 기도

- 편안하게 앉아 부드럽게 눈을 감고 이완합니다. 겸손과 사랑의 느낌으로 조용히, 천천히 다음 기도문이 가슴속 공간에 울려 퍼지게 합니다. 잠시 쉬었다가 기도문을 몇 번 반복할 수 있습니다.

  오, 신이시여! 당신은 우리 삶의 참된 목표이십니다.

  우리는 아직 우리 발전을 가로막는 욕망의 노예일 뿐입니다.

  당신만이 우리를 그 단계로 이끌어주실 유일한

  신이시며 힘이십니다.

- 기도의 진정한 의미를 10~15분간 명상하고 몰입해봅니다.
- 언어 너머에 있는 느낌을 느껴봅니다.
- 기도로 충만한 느낌이 당신 안으로 녹아들도록 허용합니다.

언어는 도약대다. 언어는 우리에게 언어 너머의 느낌을 일깨울 뿐이다. 결국 언어는 모두 사라지고 우리는 현재 주어지는 것

이 무엇이든 그것을 완전히 받아들인다. 또한 이것은 기도로 충만한 가장 심오한 상태를 불러온다.

하트풀니스 기도는 우리가 궁극적 합일, 항상성 그리고 신과의 완전한 하나됨 상태로 향하도록 인도하지만 이는 점근적 asymptotic이다. 실제로는 결코 그곳에 도달할 수 없다.

우리가 기도로 경험하는 신과 우리 자신과의 차이는 항상 필요하다. 그 차이가 있어야 우리 가슴으로 흘러드는 흐름으로 계속 헤엄쳐서 나아가 우리의 중심과 연결되기 때문이다.

기도 결과는 무엇인가

기도 행위에는 중요한 두 가지 요소가 따르는데 그 두 가지가 결합하면 영속적 변화와 진정한 성장을 위한 잠재력을 만들 수 있다. 이는 자연의 공공연한 비밀 중 하나다.

첫째, 기도는 가슴으로 가장 높은 자아와 연결해 모든 것의 근원과 연결될 수 있을 만큼 깊이 들어가게 한다. 둘째, 기도는 변화를 일으키기 위해 생각이나 암시의 힘을 사용하는데, 요가에서는 이를 '상칼파sankalpa'라고 한다.

상칼파는 아주 강력해서 명령이나 지시보다 더 잘 작동한다. 상칼파는 영어로 흔히 '암시suggestion'라고 번역하지만, 이는 적절한 번역이 아니다. 암시는 일종의 생각idea이다. 이것은 변화를 위해 주입하는 생각으로 여기에는 보통 개선이나 비전에 관한 아이디어가 담겨있다. 기도로 충만한 암시는 신성에 연결된 순수하고, 열려있고, 사랑이 넘치는 가슴에서 울려 퍼지는 오묘한 암시다. 참고로 인류가 경험한 실패의 원인은 대부분 부정적 암시라는 사실을 생각해본 적 있는가? 자동 암시로 우리가 스스로에게 거는 자기 암시도 마찬가지로 작동한다.

기도에서는 암시를 사용하는 방법이 가장 중요하다. '제발please'이라는 말은 쓸 필요가 없다. 그 말조차 너무 무겁다. '이런저런 일이 일어나게 해주세요'라는 기도는 약간 더 부드럽지만 이것 역시 충분히 미묘하지 않다. 어떻게 신성한 침묵을 방해하지 않고 기도할 수 있을까? 그런 기도가 이상적인 기도다.

연결하기와 상칼파라는 두 가지 과정은 화학 작용을 하는 성분처럼 결합해 우리 내면의 정수와 교감하는 역동적 상태를 만든다. 기도 중에 우리는 가슴 깊은 곳에 있기에 우리가 신께 바치는 생각과 느낌은 단순한 생각이나 이론 혹은 지적인 것이 아니다. 이는 가슴으로 우리 의식의 캔버스를 가로질러 당신이 원한다면 우주의 장, 양자quantum의 장으로 울려 퍼진다. 그 효과는 아주 강력하다. 이것은 진화를 여는 열쇠로 개인 수준에서 나오는 것이 아니며 진정한 변형을 일으킨다.

하트풀니스 기도에서 우리는 가장 높은 참자아highest Self,

즉 내면의 신성과 교감한다. 그 과정에서 우리는 우리 삶의 중심에서 더 높은 참자아higher Self의 합당한 위치를 인정해 자기 숙련을 발전시킨다. 이는 단순한 인정이 아니다. 실제로 우리는 기도하는 마음이 넘칠 때 참자아로 향하고 그렇게 점차 가슴의 소리를 듣는 기술을 마스터한다.

기도 언어는 우리 안의 느낌을 불러일으킨다. 일단 느낌이 있으면 말은 더 이상 필요 없다. 언젠가는 늘 기도로 가득한 상태가 될 때, 밤에 하는 몇 초의 기도가 24시간 내내가 될 때, 내면의 스승에게 항상 집중할 때 그리고 기도하는 마음으로 우리 자신을 조율해 그 상태를 끊임없이 유지할 때가 온다.

우리는 기도로 충만하고, 그 상태를 유지하며, 그 상태가 더 성장하게 한다. 그래서 우리가 무슨 일을 하든(공부, TV 시청, 목욕, 친구와의 아침 식사, 파티 등) 늘 내면의 연결이 존재한다.

이것이 하트풀니스의 아름다움이다. 시간을 빼앗기지 않는다. 우리가 수행에 숙달하면 시간은 점점 덜 들면서 24시간 내내 그 상태를 유지한다.

그러니 기도 언어로 시작하라. 취침 전 기도의 모든 단어는 당신 가슴에 있는 어떤 느낌을 연다. 그 느낌을 따라가고, 그 느낌을 묵상하고, 그 기분으로 잠에 들라. 당신 인생이 변모할 것이다.

7. 태도

이제 이완, 명상, 정화, 기도라는 네 가지 하트풀니스 수행을 매일 하는 상상을 해보자. 수영, 운동, 악기 연주, 캘리그래피, 심장 수술, 명상 등 자기 분야에서 아무리 잘하는 사람도 매일 반복적으로 연습한다. 그러면 매일의 반복적인 노력을 생동감 있고 활기차게 만드는 것은 무엇일까? 태도와 관심이다. 태도는 성공의 95퍼센트를 차지한다. 내게는 기도하는 마음, 겸손, 사랑의 태도가 많은 도움을 주었다.

다음의 경우를 생각해보자. 당신은 한 소녀에게 극장에 가자며 첫 데이트를 신청한다. 그리고 그 소녀와 좀 더 빨리 만나고 싶은 마음에 한 시간 혹은 더 일찍 도착한다. 잔뜩 흥분해서 소녀가 오기를 기다린다. 이때 만약 영화 시작 5분 전까지 소녀가 나타나지 않아 계속 기다린다면 무슨 일이 벌어질까? 기다리는 시간이 너무 길게 느껴지고 불안해지기까지 한다. 당신은 명상에 이 정도의 간절함과 열광, 열정이 있는가? 명상 중 내면의 자아와 만나는 것에 고무되는 느낌이 있는가? 이런 태도가 명상에 생명력을 불어넣는다.

잠들기 전, 다음 날 아침 명상을 고대하라. 당신의 참자아에게 '내일 아침 당신을 만나기를 간절히 고대하고 있습니다'라고 암시하라. 트랜스미션과 삼스카라를 비롯해 나를 통과하는 모든 것을 알아차리도록 관심을 기울이며 연습하라. 삼스카라는 사라지기 전까지는 당신의 것이니 삼스카라가 사라졌을 때 그 차이를 느껴라. 이는 수행 그 자체를 향한 매혹, 열정, 안정감을 만드는 데 큰 도움을 준다. 그렇지 않으면 수행은 그저 노동이자 무미건조하고 기계적인 일로 전락해 보람이 없다.

농장 노동자가 고된 육체노동으로 매일 삯을 벌면서 자기 일을 두고 끊임없이 불평하는 상황을 상상해보라. 그는 하루 종일 일하지만 매일 30분씩 운동하러 체육관에 가는 사람처럼 근육을 만들지 않는다. 이는 모두 태도의 문제다. 그저 기계적으로 수행한다면, '아, 안 돼! 일어나서 명상해야 해!'라고 생각한다면, 단지 누군가를 만족시키기 위해 수행한다면, 수행할 필요가 전혀 없다. 그것은 그냥 시간 낭비에 불과하기 때문이다.

무슨 일을 하든 반드시 기쁘고 즐겁게 하라. 명상을 진심으로 즐기면 하루 종일 반복해서 명상할 수 있다. 물론 다른 일을 그만둘 필요는 없지만 명상을 아침에 한 번으로 제한할 필요도 없다.

매일 일과

나는 수년 동안 내 인도자에게 매우 중요한 태도를 배웠는데, 이는 내 명상 수행을 깊게 하고 생명력을 불어넣는 데 도움을 주었다. 그것은 바로 자율 운동automatism이다. 자율 운동이란 무슨 뜻일까? 여기에는 두 가지 측면이 있다.

첫 번째는 그 어떤 순간에도, 심지어 눈을 뜬 상태에서도 명상 상태를 불러온다. 두 번째는 명상 시간을 고정해 생체 시계를 수행에 맞춘다. 나는 이것을 배웠다.

생체 시계란 무엇인가? 러시아 과학자 이반 파블로프의 1890년대 고전적 행동주의 실험을 알고 있을 것이다. 그는 매일 종을 치면서 동시에 개에게 음식을 주는 실험을 했다. 그렇게 얼마 동안 개를 조건화한 뒤 어느 날 종만 치고 음식은 주지 않았다. 그러자 개들이 미쳐 날뛰면서 짖고 엄청나게 침을 흘렸다. 이것이 학습된 연합 반응이다.

우리 역시 매일 같은 시간에 명상해 학습된 연합 반응을 만들 수 있다. 얼마간 시간이 흐르면 명상하기 위해 자리에 앉자마자 수월하게 명상으로 들어간다. 자신을 명상에 조율했기 때문이다. 명상을 위해 시간을 고정하겠다는 결심을 하고, 이를 계속 고수하는 것으로 시작하면 간단하다. 6시, 7시 혹은 내게 효과적이라면 어느 시간이든 괜찮다. 핵심은 지속하는 데 있다. 어떤 날은 아침 8시, 어떤 날은 9시 또 어떤 날은 6시, 어떤 날은 3시에 두 시간이나 한 시간 명상하는 것보다 꾸준히 하는 것이 더 중요하다. 얼마간 시간이 흐르면 매일 명상하던 그 시간에 명상할 수 없는 날, 당신이 침 흘리는 개와 똑같은 방식으로 느낀다는 것을 깨닫는다. 명상하고 싶은가? 이것이 핵심이다.

당신의 명상이 예측 가능해지면 다른 이들도 당신의 일과를 존중하고 자리를 내어준다. 일단 친구와 가족이 당신이 6시에 명상한다는 것을 알면 그 시간에는 방해하지 않는다. 반면 계속 시간을 바꿔가며 명상하면 당신이 명상하는 때를 아무도 알지 못해 당신을 방해할 것이다.

나는 인도 구자라트의 한 마을에서 자랐다. 이곳에서는 아침에 해가 뜨면 풀을 먹이기 위해 버펄로를 마을과 농장에 방목한다. 저녁이면 버펄로는 모두 함께 돌아와 각각 자기가 사는 거리로 간다. 그 거리에는 자기 쿤트khoont, 즉 밤에 묶여있을 그루터기가 있다. 버펄로들은 실수로라도 다른 곳으로 가지 않았다. 다시 말해, 실수하지 않았다. 그들은 자기 집의 자기 그루터기로 가서 밤에 그곳에 묶여있었다.

　우리도 명상을 위한 장소를 고정할 수 있다. 어느 날 아침에는 소파에서, 다음에는 침대에서, 직장에 늦어 급할 때는 기차에서 명상하는 습관을 들이기도 하지만 명상 장소를 고정하는 것이 더 좋다. 시간이 흐르면 그 장소의 분위기가 정갈해지기 때문이다. 이 경우 그곳에 앉으면 명상이 훨씬 수월해진다. 우리가 버펄로처럼 현명하다면 고정적인 명상 장소를 찾을 것이다.

사랑은 끌어당긴다

내가 수년 동안 배운 또 하나의 아름다운 것은 사랑이 끌어당긴다는 사실이다. 가슴이 굳어있고 사납게 찡그리는 사람은 은총을 거부한다. 반면 기쁨이 넘치는 가슴은 쉽고 자연스럽게 은총을 끌어당긴다. 내가 50명의 고용인과 함께 사업할 때, 나는 사람들 간의 차이점을 발견했다. 일할 때 그들의 표정과 태도에는 스펙트럼이 있었다. 어떤 사람이 제시간에 출근해 기쁘게 일하면 나는 그 사람과 같이 일하고 싶었고 회사에 그들이 있다는 게 행복했다. 반대로 "나, 이거 싫어" "이 일은 안 할 거야"라며 늘 불평하는 사람은 견디기가 쉽지 않았고, 그가 회사를 나가면 아무도 그를 그리워하지 않았다. 하지만 자기 일에 숙련된 정말 좋은 고용인은 하루만 빠져도 아쉬웠다. 그들의 부재는 그들이 있을 때보다 더 크게 다가왔다.

마찬가지로 영적 수행에서 규칙적이고 쾌활하게 최선을 다하면 우리는 다른 차원으로 나아갈 수 있다.

아침에 우리가 성취하는 영적 상태에 있으면서 항상 페달 밟기와 조율 상태에 머무는 것은 우리의 일상 활동을 방해하지 않는다. 사실 우리가 더 높은 수준의 의식에 있으면 일하는 시간이 줄어든다. 일에 필요한 시간은 점점 줄어들고, 공부해야 할 때 차분하고 평화로우며 침착한 마음으로 공부할 수 있다. 또한 한 번의 독서로 모든 것을 흡수한다. 다른 이들은 같은 단락을 읽고 또 읽어야 한다.

우리 행동은 하트풀니스 수행으로 좀 더 완벽을 향해 나아간다. 비록 개선의 여지는 있을지라도 우리는 언제나 완벽해지기 위해 노력한다. 인도자도 일과 내면 모두에서 완벽을 성취하고자 노력하며 "나는 얼마나 많이 변화해 내 일을 더 효과적으로 할 수 있을까?"라고 지속해서 질문한다. 우리는 모두 점점 더 나아지기 위해 늘 최선을 다할 수 있다.

협력

영적 수행의 핵심 소양 중 하나는 협력이다. 잠시 에베레스트산을 트레킹하거나 우주비행사가 되어 우주공간을 여행하는 상상을 해보자. 그런 상황에서 우리는 지침을 따르는 것의 중요성을 인정한다. 생명을 위협하는 질병에 걸렸을 때도 의사의 조언을 따르는 것을 중요하게 여긴다. 마찬가지로 영적 여정에서는 우리가 내면의 우주를 건너가는 것이므로 여정을 마스터한 인도자를 따르는 것이 중요하다. 명상이 우리에게 모든 것을 주는 건 아니지만, 명상을 올바로 하면 어떤 상태가 만들어지고 그 상태는 우리를 변화시킨다.

일단 내적 환경이 바뀌면 자연스럽게 신뢰가 발전한다. 그리고 한번 신뢰가 발전하면 수용하게 된다. 굳건히 수용할 경우 내려놓음이 발전한다. 그러면 우리는 주는 자Giver와 사랑에 빠지고, 그 결과 주는 자와 하나가 된 상태에서 우리 자신을 잃어버린다. 그것은 곧 어린아이의 놀이가 된다. 이는 영성에서 '합일'로 알려져 있다. 이런 식으로 이해하면 영적 성장은 협력할 수 없는 이들에게나 어려운 일이다.

암시의 힘

하트풀니스는 암시의 힘에 기반한다. 여기서 암시는 상칼파로도 알려져 있다. 이 주제는 앞서 '기도' 부분에서 이미 다뤘다. 그러나 암시의 오묘함에는 여러 수준이 있다. 예를 들어보겠다.

세 명의 친구가 저녁 식사를 하러 간다고 해보자. 바빠서 마음이 급한 이들은 붐비는 음식점에서 음식을 주문하기 위해 초조하게 기다린다. 그러다 그중 한 명이 지나가는 웨이터에게 소리를 지른다.

"이봐요, 여기요! 주문하려고요!"

이것은 명령이다. 웨이터는 그 친구를 향해 머리를 끄덕이고는 곧 돌아오겠다고 한다. 5분이 지나고 다른 웨이터가 지나간다.

두 번째 친구가 좀 더 예의를 갖춰 말한다.

"주문하고 싶습니다."

이것은 요청이다. 강제적이지 않지만 여전히 명령조다. 두 번째 웨이터도 곧 돌아오겠다고 응답한다. 시간이 더 흐른 뒤 웨이터가 돌아온다. 세 번째 친구가 웃으면서 말한다.

"우리는 언제든 준비되어 있습니다. 고맙습니다."

웨이터는 미소 지으며 주문을 받는다.

세 가지 말 중 마지막이 가장 미묘한 암시이며 좀 더 힌트 같다. 이 세 가지 접근법에는 커다란 차이가 있다. 당신이 생각하기에 가장 효과가 강한 것은 무엇인가? 자연에 존재하는 모든 것 중 가장 오묘한 것이 언제나 가장 효과적이다. 강제적인 접근법은 저항에 부딪히기 쉽다. 이는 '뉴턴의 운동 제3법칙'과 같다. 이 법칙에 따르면 모든 작용에는 반작용이 있는데 그 힘과 크기는 같고 방향은 서로 반대다.

이와 유사하게 당신은 수행하는 동안 다른 수준의 미묘한 생각을 사용할 수 있다. 예를 들어 정화하는 동안 당신이 '이러한 인상은 사라져야 해! 남자친구가 날 실망시켰어. 내가 느끼는 모든 분노는 등으로 빠져나가야 해!'라고 생각하는 것을 상상해보라. 이러한 강제적 접근은 당신을 고군분투하게 만들고, 특정한 것을 강제로 제거하려 하기에 실제로는 그 효과가 더 악화한다. 당신이 자리에 앉아 '이건 사라져야만 해!' 하고 생각하는 순간 상황은 더 나빠진다.

좀 더 이완되는 미묘한 방법이 있다. 평화롭게 자리에 앉아 먼저 가슴 깊은 곳이 기도하는 마음으로 가득한 상태를 만든다. 이어 아주 가볍게 암시해 그 뒤에 가능한 한 강제성이 없도록 한다. '신이시여, 이것을 사라지게 해주옵소서.' 이는 가슴 깊은 곳이 기도하는 마음으로 가득한 암시다. 이것은 기도가 매우 중요한 또 다른 이유이기도 하다. 우리가 기도 기술을 익힐수록 변화를 일으키는 우리의 미묘한 힘은 더욱 강력해질 것이다.

우리가 '이것저것은 오늘 반드시 사라져야 해' 같은 생각으로 강제적으로 하면 그 일은 의심할 여지 없이 계속 일어난다. 자연은 항상 응답하기 때문에 우리가 명령하든, 요청하든, 미묘한 암시를 하든, 사랑과 함께 기도로 충만하든, 늘 무언가가 작동한다. 그리고 그 응답은 언제나 우리가 사용한 미묘함의 수준에 비례한다.

저녁에 정화 수행을 할 때, 가슴 깊은 곳으로 들어가 가능한 한 부드럽고 미묘하게 지침을 따르자. 정화를 마치면 어떻게 순수함이 단순하게 전해지는지 관찰하자.

우리가 영적 삶에서 더 멀리 나아가다 보면 아무런 생각도 필요치 않고 그저 단순히 일이 일어날 때가 온다. 처음에 우리는 우리 자신을 계속 가다듬고 기도로 가득한 우리의 암시는 점점 부드러워진다. '이 일이 일어나게 하소서.' '이것이 사라지게 해주소서.' '그녀에게 용기가 생기도록 하소서.' 얼마의 시간이 지나면 무슨 일이든 일어날 일이 일어나도 우리는 이완한다. 그때 우리는 '난 아무것도 하지 않았는데 오늘 어떤 일이 일어났구나'라며 놀라워한다. 그것은 이제 우리가 그 일을 하는 것이 아니라 그저 그 일이 우리를 거쳐 흘러가도록 허락하고 있기 때문이다.

이는 암시 과정 첫날부터 아무것도 하지 않아야 한다는 뜻일까? 아니다. 우선 우리는 미묘함을 계발하기 위해 각 단계를 겪으며 그 과정을 배워야 한다. 시작하라. 그리고 그것이 당신을 어디로 이끄는지 보라. 가령 정화 수행을 할 때 모든 복잡성과 불순물이 당신의 등 뒤에서 빠져나간다는 상칼파로 시작한다. 결국 저녁에 자리에 앉으면 어떤 말도 필요 없는 때가 온다. 그 과정은 그냥 시작된다.

이는 추측suppositions을 이해하는 데 도움을 준다. 일상 활동 중에 우리는 이런저런 추측을 한다. '저 사람 셔츠 좀 봐. 어디서 샀을까?' '아, 저 여자 드레스는 별로네.' '강사가 기분이 좋은 모양이네.' '오늘은 기분이 별로야.' 큰 소리로 말하지 않아도 머릿속에서 계속 추측한다. 앞서 논했듯 이러한 사고 패턴은 호불호다. 호불호가 고요함을 길러주는가?

마음을 훨씬 더 생산적으로 사용하는 방법이 있다. 갠지스강 물이 수원original source에서 첫 한 방울이 떨어져 내리던 순간 그곳에 있다고 상상해보자. 당신이 첫 개울의 첫 번째 물방울과 함께 걸어가는 것은 정말 멋진 일이다. 그 물방울이 어디로 흘러갔고, 어떤 저항에 부딪혔고, 어떻게 장애물을 돌아갔는지 그리고 궁극적으로 어떻게 대양에 도착했는지 상상한다. 마찬가지로 생각이 가슴에서 태어나는 순간을 관찰하고, 그 생각이 어디로 가 당신 상태에 어떤 영향을 미치는지 볼 수 있다. 강물의 흐름처럼 당신의 생각은 더 큰 무언가로 진화한다. 그렇게 그 생각이 자라고 확장되는 동안 당신은 생각의 흐름과 진화를 관찰할 수 있다. 생각이 떠오르는 것을 관찰하고 당신을 거쳐 부드럽고 미묘하게 흐르도록 허락하는 것이 마음챙김(마인드풀니스mindfulness)이자, 요가에서 말하는 프라티아하라(감각 회수 pratyahara)의 첫 단계다. 이는 생각의 힘을 현명하게 쓸 수 있도록 해준다.

  말로 더 설명할 수 있는 것이 아무것도 없을 때 당신은 자신의 참나에 몰입한 것이며, 당신의 생각은 신성과의 삼투 상태에 이른 것이다. 그러면 당신은 더 높은 목적을 위한 도구가 되기에 가장 미묘하고 강력한 상칼파가 가능하다.

8. 명상, 요가, 신경과학

미지의 세계로

트랜스미션 덕분에 우리는 수행 초반부터 명상에 깊이 들어가
내면 상태에 충분히 몰입할 수 있다. 이는 산스크리트어로 사마
디로 알려져 있으며 요가에서 크게 추구하는 상태다. 사마디는
파탄잘리의 아슈탕가 요가Patanjali's Ashtanga Yoga에서 여덟 번
째이자 정점을 찍는 단계. 파탄잘리는 그가 쓴 《요가수트라》
에서 사마디 1단계를 자각awareness을 초월한 마음 영역으로
여행한 까닭에 아무것도 느낄 수 없고 무슨 일이 일어나고 있는
지 알아채지 못하는 돌 같은 의식으로 묘사했다. 하트풀니스에
서 우리는 더 미묘한 단계로 매우 빨리 진입함으로써 더 가볍고
진화한 사마디 상태를 경험한다. 두 번째 단계에서 우리는 꿈과
같은 잠재의식적 사마디에 있고, 세 번째 단계에서는 완전히 자

각하는 동시에 몰입한다. 이는 사하즈 사마디Sahaj Samadhi로 알려져 있다.

사하즈 사마디는 명상에 깊이 몰입하는 동시에 무슨 일이 일어나고 있는지 완전히 의식하는 상태다.

《요가 샤스트라Yoga Shastras》(요가론, 요가 경전의 주석서 - 옮긴이 주)에서 이 단계는 투리야Turiya 상태 또는 네 번째 단계로 알려져 있다. 이 단계에는 모든 것이 한눈에 보인다. 다른 일로 바쁘게 일하면서 이 상태를 하루 종일 지속할 수도 있다. 일 · 주변 환경 · TV · 외부에서 일어나는 일에 집중하면서도 동시에 트랜스미션으로 내면의 영적 상태, 전송, 내면에 만연한 상태, 우리 시스템에 들어오려 하는 것, 떠오르는 생각, 우리가 취해야 할 다음 단계와 교감을 유지한다.

우리는 이 모든 것을 동시에 평화롭게 보고 있다. 요가에서는 이를 '투리야팃Turiyatit' 상태라고 하는데, 이때 눈을 뜬 채 360도로 전방위적 의식 상태에 있다. 어떤 특정 대상에 초점을 맞출 필요가 없다. 하나에 초점을 두는 순간 이는 더 이상 명상이 아닌 집중이다.

옴과 신경과학

우리는 이 다양한 단계를 두 가지 견지, 즉 요가와 신경과학에서 모두 이해할 수 있다. 요가에서 옴AUM은 창조 당시 나타난 최초의 소리다. 그 소리는 아직도 영혼 안에 내면의 기억으로 있으며 아A로 시작해 우U에서 음M으로, 음 뒤에는 마지막으로 공空, emptiness이 온다. 이것은 음 다음에 오는 '소리 없는 소리'로 우리가 반드시 포착해야 한다. '옴' 소리 뒤에 오는 텅 빈 고요함 empty silence이 네 번째 단계, 즉 투리야를 상기시키므로 이 세 가지 소리와 그 뒤에 오는 소리 없는 소리는 엄청나게 중요하다.

이러한 의식 상태는 우리 모두 매일 경험하며 EEG(뇌파) 기계로 측정할 수도 있다.

1. 기민하게 깨어있는 상태는 높은 주파수의 뇌파가 특징이다. 감마파는 31~120Hz로 학습과 문제해결에 좋은 고도의 두뇌 활동을 할 때 나타난다.
   베타파는 13~30Hz로 대화하거나 기타 활동을 적극 할 때 나타난다.
   알파파는 8~12Hz로 상당히 이완했거나 묵상 상태일 때, 아름다운 음악에 몰입했을 때, 명상을 시작하려 할 때 나타난다.
2. 세타파는 4~7Hz로 꿈꾸는 상태가 특징이며, 졸음이 오고 수면과 꿈 사이를 오갈 때 나타난다.

3. 델타파는 0.5~5Hz로 깊은 수면 상태가 그 특징이다.

깨어있는 상태에서 의식은 지식을 찾기 위해 근원에서 멀어져 바깥으로 이동하는데, 여기에서 현대 과학 분야가 탄생했다. 뇌파가 더 느려지면 우리는 안으로 향하고 더 깊은 의식 상태로 이동한다. 꿈꾸는 상태의 의식은 깨어있음과 수면 상태의 중간쯤 어디이며 이때 우리는 슬로카slokas(산스크리트어 서사시-옮긴이 주), 시, 가잘ghazals(페르시아 서정시-옮긴이 주) 등을 꿈꾼다. 이는 모두 내면 탐구에 관한 것이며 내면세계와 관련이 있다. 깊은 수면 상태에서 의식은 그 근원인 영혼에 끌린다.

초월 명상, 다양한 불교 시스템, 마음챙김 수행자를 연구한 서양의 과학연구를 들어보았을 것이다. 그 연구자들은 10시간, 15시간, 2,500시간 등 명상 초보자에서 경험 많은 명상가, 구도자, 일반인까지 다양한 사람을 대상으로 실험을 진행했다.

그 결과 명상가는 보통 깊은 수면에서 나타나는 델타파, 꿈꾸는 것과 같은 세타파, 이완된 알파파 상태 그리고 높은 주파수의 감마파가 급격히 상승하는, 즉 일반적으로 깨어있는 상태와 관련 없는 뇌파 패턴을 보였다. 사실 규칙적으로 명상하는 요기는 다른 집단에 비해 감마파 진동이 훨씬 더 흔했고 진폭도 더 강하게 나타났다. 명상하는 이들은 뇌파 주파수의 스펙트럼이 빈도와 강도 두 방향에서 모두 확대되었다.

투리야 상태의 뇌파 스펙트럼은 명상하는 사람이 동시에 완전히 자각하고 있음에도 불구하고, 델타파로 나타나는 깊은 수면 상태 또는 수습티Sushupti 스펙트럼까지 전체 스펙트럼을 포괄한다. 요기와 구도자는 온 힘을 다해 이 상태를 갈망한다. 때론 여기에 도달하기 위해 고행과 수행을 하면서 수천 시간 동안 명상한다.

트랜스미션의 도움을 받으면 투리야 상태를 매우 쉽게 경험한다. 평생 명상을 해본 적 없어도 트랜스미션과 함께 하트풀니스 명상을 하면 당신의 의식은 다른 수준으로 깨어나 투리야 상태에 이른다. 몸을 완전히 이완한 상태에서 마음이 대상을 지각한다는 말이다. 이는 자고 있는 것이 아니지만 깊은 수면을 취할 때처럼 활력을 되찾는 이완한 상태다. 이것이 진정한 투리야 상태다.

그다음으로 우리는 낮 동안 눈을 뜬 채 이 상태를 이어가는 방법을 배운다. 그렇게 우리는 투리야 상태를 초월해 투리야팃 상태로 넘어간다. 투리야 상태는 명상 중일 때만 가능하지만, 투리야팃 상태는 우리가 깊은 명상 상태에 있을 때 항상 나타난다. 이는 모든 상태, 즉 아, 우, 음과 소리 없는 소리를 포함한다.

우리는 초월한다.

아A, 외부의 깨어있는 상태에서

우U, 내면의 꿈과 같은 상태로

음M, 수슘티의 깊은 수면 상태로

소리 없는 소리인 투리야 상태로

마지막으로 투리야팃 상태로.

따라서 명상을 규칙적으로 적극 하는 것도 좋지만 명상 상태
에 있는 것은 더 좋다. 매일 아침 적극 명상하고 늘 명상적으로
활동하자. 사실 눈을 감고 받아들이는 것 외에 별다르게 할 것은
없다.

9. 인도

인도자

훌륭한 스승 혹은 인도자는 모든 분야의 학습에서 축복이다. 그들이 특정 주제를 마스터하는 데 도움을 주기 때문이다. 우리는 이를 경험으로 알기에 특별히 설명이 필요치는 않다. 그렇지만 스승과 제자가 서로 공명하고 가슴과 가슴의 삼투가 일어나 기술과 지식을 전달하는 일치성coherence이 있다는 것은 흥미롭다. 사실 과학자들은 이전에 생각했던 것보다 더 많이 가슴과 가슴으로 전이하고 전달한다는 것을 깨닫는 중이다. 이는 마치 엄마와 자녀 사이에 일어나는 일과 같다.

세속적 학문 분야에서 뛰어난 이들은 자기 전문 분야나 기술에서 선두를 유지하려면 꾸준히 배우고 앞으로 나아가야 함을 안다. 가장 위대한 운동선수나 스포츠 스타는 최고의 기량을 유지하기 위해 코치를 둔다. 최첨단 학문 연구에서 책이나 논문 출판 과정 중 일부로 동료평가는 당연한 일이다. 세계 최고 음악가는 자신의 기량을 꾸준히 증진하기 위해 서로에게 계속 배운다. 자기 일을 정말 잘하는 사람은 안내와 피드백을 원한다. 이것이 삶과 배움에서 진화적 접근 방법이다. 어떤 분야든 더 깊이 들어갈수록 우리가 길을 더 나아가게 돕는 인도자가 있는 것이 중요하다. 이는 모험을 무릅쓰고 탐색하지 않은 새로운 영역으로 나아가는 영성 분야에서 더욱 중요하므로 인도자는 영적 구도자의 삶에 상당히 중요한 존재다.

살아있는 인도자 혹은 구루가 있다는 것은 무엇을 의미하는가? 우리는 그들의 존재를 어떻게 활용하는가? 하트풀니스 초창기 시절인 21세기 초반 하트풀니스 추종자는 약 200명뿐이었고, 한 번에 거의 다섯이나 열 명 정도가 라라지와 함께 있었다. 당시에는 고대 인도의 구루쿨라gurukula(제자가 구루 근처나 구루와 같은 집에 사는 교육 시스템 – 옮긴이 주) 전통과 서양 소크라테스파의 교육처럼 1:1 상호작용이 매우 쉬웠다. 예수의 제자들이 예수와 함께 살았던 것처럼 고대 인도에서는 제자가 훈련받기 위해 특정 기간 동안 인도자와 함께 살았다.

이제 전 세계에서 100만 명 이상이 하트풀니스를 수행한다. 그 모든 사람이 어떻게 인도자와 개인적인 시간을 보낼 수 있겠는가? 다행히 하트풀니스 전체 시스템은 현대에 적응하기 위해 진화했고 실제 물리적 인도자가 없어도 영적 진전은 계속 이뤄지고 있다.

그렇지만 인도자를 방문하거나 인도자와 함께하는 명상 세션에 참가할 기회가 있다면 놓치지 말자. 당신과 인도자가 눈을 감고 명상하는 동안 마법 같은 일이 일어나니 말이다. 인도자는 철저히 정화하고 영적 여정을 위해 당신이 준비하게 하며 여정을 시작하도록 방아쇠를 당긴다. 나아가 당신이 앞으로 갈 곳을 위해 기반을 준비한다. 그래서 인도자와 함께 있을 때 그 앞에서 몇 가지 일이 일어난다.

당신이 이 기회를 잘 활용하기 위해 스스로를 미리 준비하면 이 과정은 최적화하고 가속화한다.

이후 인도자의 영적 본질이 당신에게 오도록 초대할 정도로 갈망이 있으면 한 수준에서 다른 수준으로의 여정을 시작한다.

하트풀니스 인도자와 구도자 간의 관계에는 아주 많은 오해가 있다. 어떤 사람은 개인적으로 인도자와 함께 있어야 득이라고 생각하지만, 눈을 감고 명상하고 인도자를 가슴에 품는 것이 더 낫다. 당신 가슴속에 그의 영적 존재를 내면화하지 않으면 인도자와 함께 있는 것은 아무 소용이 없다. 당신이 그의 존재를 내면화하고 그에게 조율되어 공명하면 살아있는 인도자의 물리적 존재는 큰 도움을 준다. 아마도 당신은 외부와 내부가 똑같음을 발견할 것이다.

인도자와 애정 어린 관계를 맺는 것도 사랑이 발전하는 데 도움을 준다. 당신이 맺는 관계의 유형은 당신의 인생 경험에 달려있다. 당신은 인도자를 당신의 할아버지, 아버지, 어머니, 친구 또는 구루로 여길 수 있다. 인도자의 도움은 항상 그곳에 있다. 시도하고 결과를 보라. 그의 존재를 불러일으키는 것으로 충분하다. 깊이 생각한 뒤 그를 부르고 도움을 요청하면 도움을 받는다.

내게는 이와 관련된 개인 경험이 아주 많다. 내 인생에는 되돌릴 수 없는 상황이나 '아, 이제는 끝이야. 여기서 벗어날 방법은 없어'라는 생각이 들었던 시간이 많이 있었다. 그때 내 주의는 저절로 인도자를 향했다. 내 가슴은 더 빨리 고동치기 시작했고, 놀랍게도 마치 기적이 일어난 것처럼 문제가 그냥 사라졌다.

이러한 경험을 네댓 번 한 뒤 나는 '이제 이런 기적은 됐어'라고 생각했다. 나는 그런 경험에 지쳐갔고 '나도 인도자처럼 되고 싶다'라는 마음이 들었다.

언젠가 인도자처럼 되기를 바라는 때가 온다. 이것은 육체적 외모가 그와 같아져야 한다는 걸 의미할까? 그렇지 않다. 인도자에게 수염이 있다고 똑같이 수염을 기를 필요도, 같은 옷을 입을 필요도, 인도자가 좋아하는 음식을 먹을 필요도 없다. 그보다는 인도자의 태도, 수행, 예의범절을 비롯해 인도자가 자신의 인도자와 맺는 관계를 따르려 노력하는 것이 효과적이다.

라라지의 제자 바부지의 일기는 우리를 겸손하게 만들고 동기를 부여한다. 바부지는 몇 가지를 동시에 했다고 썼다. 그중 내가 따라 해보고 유용했던 것은 아래와 같다.

1. 항상 가슴으로 인도자와의 연결을 유지한다.
2. 현재의 내면 상태에 맞춰 자신을 조율하고 그 상태에 몰입하는 한편 깊어지도록 노력한다.
3. 그다음에 올 상태에 대비한다. 그것을 기다리고 기대하고 바란다.
4. 주변 환경에 항상 기민한 상태를 유지한다. 무엇을 하고 있어야 하는가?

이후 바부지가 라라지의 후계자가 되었을 때, 이 모든 것이 함께 일어났고 그도 360도로 전 지구적 시야를 갖게 되었다. '이 구도자, 저 구도자, 이 대륙, 저 대륙에 무슨 일이 일어났는가?' 인간의 마음에는 채널이 매우 많으며 한 번에 많은 일을 할 수 있다.

인도자는 신이 아니다. 인도자를 신처럼 생각하면 영성 세계를 종교화하고 만다. 그의 본성이 신성하다는 것은 의심할 바가 없으나 그는 신이 아니다. 우리 역시 신성해지려 노력하고 있다. 이것이 하트풀니스에서 우리가 하는 노력이다.

우리는 인도자 자체가 아니라 인도자의 내적 특성과 자질을 닮을 수 있다.

또 다른 오해는 인도자가 우리의 모든 세속적, 정서적 문제를 해결하기 위해 존재한다는 생각이다. 하트풀니스는 이러한 문제를 우리 손으로 직접 해결하기 위한 것이다. 그것은 우리가 내면에서부터 준비하게 해 우리 삶의 주인이 되도록 강화한다. 인도자들이 "우리는 제자를 만드는 것이 아니라 스승master을 만든다"라고 거듭 강조하는 이유가 여기에 있다.

우리는 삶을 마스터해 원만하고 평화롭게 사는 법, 목표를 향해 부드럽게 나아가는 법을 배운다.

이 여정을 가볍게 받아들여야 한다! 자아마저 존재하지 않을 때 문제가 생길 여지가 있을까? 계속 문제에 집중하면 점점 문제에 이끌린다. 자아가 존재하지 않는데 지복bliss이 있을 공간이 어디 있겠는가? 우리는 이 모든 것을 넘어선다.

신은 어떠한가

어떤 사람은 신을 믿고 또 어떤 사람은 믿지 않는다. 사실 개인 경험이라는 관점으로 하트풀니스에 다가가면 신을 믿든 믿지 않든 상관없다. 신을 믿지 않는 사람은 대체로 "나는 신을 경험한 적이 없어. 그러니 어떻게 믿겠어?"라고 말한다. 신을 믿는 사람에게는 대개 그 주장의 근거로 삼을 만한 개인 경험이 없다.

누군가에게 "당신 자신이 신을 경험한 적 있습니까? 아니면 부모님이나 사제가 신이 있다고 해서 신을 믿습니까?"라고 묻는다면, 그들은 보통 개인적으로 신을 경험해서가 아니라 누군가가 신을 믿기에 믿는다고 말할 것이다.

어떻게 이런 것을 뛰어넘어 신을 경험할 수 있을까?

하트풀니스는 과학적 접근이다. 그러므로 당신의 실험에서 신의 존재와 비존재 중 어느 쪽에서 시작해도 좋다. 과학적인 방법으로 내면을 관찰하고 스스로 결론에 도달하기 때문이다. 수행 결과는 당신 가슴이 이 시스템의 효과를 확인하게 해준다. 당신이 잘못된 길을 갈 경우, 즉시 가슴이 알려줄 것이다. 올바른 길을 가고 있고 그 경험으로 가슴이 만족하면 이는 더 나아가도 좋다는 긍정적 신호다. 수행하다 보면 다양한 상태의 의식, 즉 명상 상태, 비명상 상태, 평화로운 상태, 그다지 평화롭지 않은 상태 등이 존재함을 발견한다. 당신은 그걸 인식하고 명상 상태를 점점 더 신뢰하게 된다.

당신은 점진적으로 모든 일상 활동에서 명상 상태에 머무는 기술을 배우며, 이것은 당신이 신을 믿든 믿지 않든 상관없이 일어난다. 이 여정은 긍정적 접근법이라 신을 믿는 이들에게 더 수월할 것이다. 부정적 접근법은 삶의 다른 많은 부정적인 것과 마찬가지로 항상 피하기 어렵다. 그렇지만 이 수행법은 금세 불신을 더 높은 존재higher Being의 오묘한 현존presence을 가슴으로 느끼는 긍정적 신호로 바뀌게 한다.

당신은 명상 중 자기 안의 신성을 경험했을 때, 스스로 점점 더 신성해졌을 때, 신의 존재를 확신할 것이다. 그러면 자신 있게 "그래요, 이제는 신이 존재한다는 것을 압니다"라고 말할 수 있다. 물론 그것은 실체가 존재한다.

나는 종종 통화通貨를 비유로 든다. 전 세계에는 유통 중인 수많은 화폐가 있는데 사람들은 그 화폐를 금, 은, 석유, 광물, 심지어 정치적 안정성 같은 자원이 뒷받침한다고 믿는다. 그 나라에 자원이 많고 안정성이 높을수록 화폐가 강하다. 우리는 어떤 근거를 바탕으로 신이 존재한다고 주장하는가? 경험이라는 근거가 없으면 신이 존재하지 않는다고 말하는 것과 같다.

명상하면 우리는 처음으로 일시적인 평화, 평온, 고요함, 지복을 경험한다. 잠시 미지의 무언가 안에서 우리 자신이 사라진

듯하다. 그것이 무엇인지는 모른다. 즐겁지만 덧없이 지나간다. '어쩌면 이것이 신성한 경험일지도 몰라'라고 생각할 수 있으나 확신하지 못한다. 경험이 더욱 빈번해지고 지속되면 결국 내면의 신의 존재와 관련해 더 손에 잡히는 증거가 나타난다. 이 과정은 명상 중 근원에서 우리 가슴으로 흘러오는 트랜스미션의 도움을 크게 받는다.

다른 세속적 비유를 들자면, 한 달 동안만 백만장자가 되는 것은 아무 소용이 없는 것과 같다. 어떤 사람이 "내가 오늘 백만 달러를 빌려줄게. 한 달 후 다시 돌려받을 거야"라고 말한다 치자. 이는 "인도자를 만나는 동안 엄청난 경험을 했어. 대단했지. 그런데 그 뒤에는 영적 상태를 유지할 수 없었어"라고 말하는 것과 같다. 우리는 한 달 후 백만 달러가 사라질 백만장자와 같을까? 영적으로 말해 우리가 인도자 주변을 떠났을 때 다시 '앞길이 막막해'지는가?

인도자와 함께 있다가 집으로 돌아가 명상하면 그 체험이 어떤 때는 강렬하고 또 어떤 때는 그렇지 않을 수 있다. 명상 체험의 강렬함이 사라지면 우리는 보통 트레이너에게 "당신과 함께하는 명상 세션을 받을 수 있을까요? 제 상태가 사라진 것 같아요. 내면의 참나, 신과의 연결을 되찾고 싶어요"라고 요청한다. 트레이너와 함께 명상할 경우, 가슴속 불꽃이 살아남을 느끼며 내면의 신을 다시 느낀다.

그러나 얼마의 시간이 지나면 다시 희미해진다. 우리는 계속해서 우리 자신과 연결되었다가 단절되기를 반복한다. 이상적으로 말해 우리는 연결 경험이 영속되기를 원한다.

왜 우리는 이런 아름다운 체험을 하는 것일까? 목적이 무엇인가? 그 체험은 우리를 어디로 데려가는가? 깊이 명상할 때 우리는 몇 시간 동안 무슨 일이 일어나고 있는지 알지 못한 채 몰두한다. 마치 중독과 같다. 동시에 이것은 무척 만족스러운 상태다. 그런데 이런 체험이 필요한가? 체험은 단계마다 반드시 올라온다. 인도자나 신이 그 체험을 주는 게 아니다. 예를 들어 로마에서 파리로 가는 기차를 타고 갈 때, 기차 밖 풍경 변화는 우리가 움직이고 있으며 앞으로 나아가고 있음을 알게 해준다. 명상할 때 다른 체험이 나타나는 이유 중 하나는 이 때문이다. 즉, 우리에게 자신감을 주기 위해서다. 이와 달리 우리가 계속 같은 경험을 한다면 흥미를 잃을 것이다.

이것은 특히 우리 내면 여정의 초기 단계에서 일어난다. 여정을 이어가는 동안 우리는 세속적 존재와 관련된 차크라로 수많은 경험을 한다. 이들 차크라는 가슴 부위에 있으며 가슴 영역 Heart Region 또는 핀드 프라데시Pind Pradesh로 알려져 있다. 이 체험 후 인도자는 우리를 머리의 여러 부위와 관련된 더 상위의 차크라, 그러니까 다른 은하로 데려간다. 여기서 우리는 더 이상 이원성의 세계the world of duality, 즉 세속적 존재의 세계에 머물지 않는다. 야트라yatra라고 불리는 차크라에 기반한 여정은 우리 의식의 진보와 확장을 표현한다. 이후 이 주제를 다시 다룰 것이다.

3
생활양식

삶에서 변화를 구현하라.

10. 당신 자신을 변형하라

하트풀니스 수행을 시작하면 많은 사람이 내면의 큰 변화를 느낀다. 의식이 확장되고 오래된 습관과 반응이 사라지며 이 세상에서 자신의 자리를 더 많이 자각한다. 예전에 무척 중요해 보인 것에 느끼던 매력과 설렘이 사라지고 생활양식을 단순화하는 데 이끌린다. 그러나 생활양식 변형에는 기민성과 적극적 협조가 필요하다. 변형이 전부 자동으로 일어나지는 않기 때문이다. 우리는 생각, 감정, 행동, 태도를 다듬어야 한다.

우리의 생활양식을 개선하고 갈고닦기 위해 하트풀니스에서 제공하는 지혜를 일부 나누고자 한다. 내게는 다음에 소개하는 수행과 접근법이 효과가 좋았다. 먼저 변화를 원하고 그 변화를 위한 방향성을 창조해야 한다. 이는 의도에서 시작한다.

의도

세속적인 것이든 영적인 것이든 삶에서 무언가를 성취하려면 우선 우리의 의도를 단순화해야 한다. 이것을 아름답게 설명하는 내 젊은 시절 이야기를 하고자 한다.

1970년대 나는 내 첫 번째 인도자인 바부지와 함께 베란다에 앉아있었다. 인도 북부 샤자한푸르의 12월 겨울 아침이었다. 그는 홀로 있었고 나는 구석에 앉아있었다. 그가 '이리 오라'는 손짓을 하기에 나는 근처로 가 앉았다. 바부지는 손톱으로 자기 손바닥에 흰 선을 그었다. 날이 무척 추워 피부에 자국이 남았다.

나는 바부지가 무엇을 하고 있는지 궁금했다.

그는 "수로입니다"라고 말했다. 마치 상상 놀이를 하는 것 같았다. 그런 다음 그는 손바닥을 다시 그어 같은 수로에서 이어지는 다른 선 하나를 만들었다. 수로는 두 줄기로 나뉘었고 그는 나를 보고 물었다.

"알겠습니까?"

나는 "네?" 하고 되물었다.

"힘의 50퍼센트가 줄었습니다."

이어 그는 다시 손을 그어 세 번째 수로를 만들었다.

"이제 알겠습니까?"

나는 "네, 바부지"라고 말했다.

힘은 더 줄어들었다.

일상에서 볼 수 있는 예를 들어보자. 당신은 휴대전화에 앱을 몇 개 설치했는가? 앱이 모두 작동 중이면 배터리가 금세 닳는다. 마찬가지로 당신도 삶에서 하나의 목표만으로는 행복하지 않아 너무 많은 앱을 작동시키면 에너지를 금세 소진한다.

이 원칙은 경력, 관계, 자기계발을 포함한 모든 분야에 적용된다. 하나의 앱, 하나의 목표는 내적 자원을 최적으로 활용해 당신을 어딘가로 이끈다. 명상 수행을 하면 하나의 목표에 집중하는 능력을 자연스럽게 계발할 수 있다. 명상에서 집중으로 산만한 사고 과정을 단순화하는 것을 배우기 때문이다.

이는 요가에서 '다라나'로 알려져 있다. 다라나는 파탄잘리의 아슈탕가 요가의 여섯 번째 단계에 해당한다. 이 단계에서 우리는 마음을 조절하고 의식을 정제한다.

그렇지만 다라나가 최종 결과는 아니다. 하트풀니스 명상에서는 시간이 지남에 따라 다라나보다 훨씬 더 깊은 상태로 나아간다. 다라나는 우리를 360도 의식 상태로 이끌어 우리가 일상의 모든 측면과 내면 상태에 동시에 집중할 수 있게 한다. 즉, 이것은 삶에서 도망치는 게 아니다. 그저 우리 삶의 가장 중요한 목적을 명확히 할 뿐이다. 이는 진화적이며 그 외에 일어나는 모든 것을 가장 중요한 목적에 맞춰 천천히 조율한다는 것을 의미한다.

하트폴니스 기도 수행으로 의도의 단순성은 강화된다. 우리는 매일 내적 목표를 상기한다. 그리고 선박의 방향타같이 우리가 지향하는 바를 설정한다. 내면 깊이 들어가 가슴의 소리를 듣기에 우리는 내면과 외면을 통합하는 법을 배운다. 이것이 자기 숙련의 비결이다.

우리는 축구, 운전, 저녁 요리를 하거나 자녀에게 동화책을 읽어주거나 사업을 할 수 있다. 이 모든 것을 하면서도 기저에서 내면 상태에 집중한다. 우리 의식은 행복하게 다른 일을 하면서 합일 상태에 있을 수 있다.

마음이 명확성을 갖추면 올바른 이해를 바탕으로 내적 여정이라는 장대한 대양과 삶을 평탄하게 여행하기 쉽다. 이것이 우리의 운명을 엮어가는 방법이다.

행복하기 위해서는 우리의 내적 상태와 외적 상태가 조화를 이뤄야 한다. 그렇지 않으면 우리는 불안정과 혼란을 느낀다. 내면과 외면의 불일치를 느낄 때 우리 자신에게 진실할 수 없다. 셰익스피어의 《햄릿》에서 폴로니어스는 아들 레어티스에게 이렇게 말한다.

이것이 무엇보다 으뜸이니

자신에게 진실하라.

그러면 밤이 낮을 따르듯

어떤 사람에게도 거짓될 수 없다.

가슴의 소리 듣기

가슴은 우리가 자신을 포함해 만물을 어떻게 느끼는지 알려주는 지표다. 이것은 우리의 생각 · 감정 · 행동을 어떻게 느끼는지, 우리가 삶에서 내린 결정을 어떻게 느끼는지 알려준다. 우리가 행복하다면 가슴의 소리를 듣지 않을 것이다. 우리가 적절한 결정을 내리려 하면 가슴은 그저 우리가 곰곰이 생각한 결정의 조용한 목격자로 남아있다. 여기에는 자연스러운 만족감이 있다. 우리가 스스로 행복해하지 않을 경우 가슴에 동요가 일어난다. 이로써 우리는 무언가 변화해야 함을 알아챈다.

가슴의 신호에 귀를 기울이는 것이 첫 번째 단계다. 두 번째 단계는 이 신호를 이용해 명확한 지표를 얻도록 가슴에 질문하는 것이다. 방법을 천천히 터득하고 더 경청할수록 메시지는 더욱 명확해진다. 신호에 귀 기울이지 않으면 가슴의 소리를 듣는 기술을 잃어버린다. 신경과학자는 이를 우리가 사용하지 않는 신경회로 또는 경로 상실로 묘사한다. 상실한 경로를 재활성화하려면 많은 노력이 필요하다. 우리가 신경 경로를 많이 사용할수록 그 경로는 더 강해진다.

이제는 세 번째 단계다. 가슴의 소리를 들었을 때 그 소리를 따를 용기가 있는가?

피노키오 이야기를 알고 있을 것이다. 피노키오는 거짓말을 할 때마다 코가 길어졌다. 갈등과 불쾌함을 회피하기 위해 하얀 거짓말을 하기는 쉽다. 하지만 그럴 때 우리 가슴에 무슨 일이 일어나는가? 가슴이 빠르게 뛰기 시작한다. 순수함을 타협하면 가슴은 무겁고 불안해진다.

그다음에는 어떻게 되는가? 불편감과 죄책감, 후회가 따라온다. 우리는 자신을 싫어하기 시작한다. '내가 저질렀다니!'라며 말이다.

때로 사람들은 부모를 기쁘게 하려고, 다른 사람에게 상처를 주지 않으려고 거짓말을 한다. 그럴 때 우리는 종종 가슴으로 가벼움, 기쁨, 자신감 대신 타협했다는 느낌을 받는다. 물론 우리 가슴이 윤리적 이유로 진실보다 관계에 우선을 두는 상황도 있다. 예를 들어 우리가 사랑하는 사람을 보호해야 할 때 어떤 일이 생기는가? 이와 관련된 유명한 이야기가 그림으로 전해진다. 2차 세계대전 중 한 소년이 부모의 소재를 묻는 심문을 받았다. 소년은 부모가 마룻바닥 아래 지하실에 숨어있다는 것을 알고 있었고, 자기가 말하면 군인들이 부모를 살해할 것도 알았다. 이 상황에서 당신은 어떻게 하겠는가? 진실을 말할 것인가, 아니면 부모를 보호할 것인가? 다시 말하지만 당신을 인도하는 것은 가슴이다. 가슴의 소리를 듣는 기술은 충만함을 안겨준다. 그 결과 우리는 자신과 평화롭게 있으면서 통합과 전체성을 느낀다.

이 과정에는 가슴의 소리 듣기를 배우는 것에 더해 다른 차원이 하나 더 있다. 우리 가슴은 멈춰있지 않다. 우리의 내면 환경은 의식을 확장하고 개선하거나 제한하면서 경우에 따라 끊임없이 변한다. 의식의 장이 유동적이라 가슴의 기준점은 역동적으로 변화한다. 우리의 모든 것은 의식 상태에 달려있다. 변화하는 우리의 진화 수준에 천천히 적응하는 습관, 먹는 음식, 입는 옷 등 모든 것이 그렇다. 우리는 항상 지속적인 개선 작업을 진행 중이다.

그러나 우리는 때로 양심에 반하는 선택을 한다. 욕망과 정신적 합리화로 다른 선택을 하는 것이다.

생각을 바꾸기 전까지 우리는 이런 경험과 습관을 계속 반복한다. 어찌해야 할까? 우리는 늘 선택할 수 있다. 아무것도 하지 않거나 상황을 고치는 선택을 할 수 있다. 여기에 매우 효과적인 하트풀니스 수행을 소개한다.

> 취침 시간에 가슴에서 신성한 존재를 느껴봅니다. 잘못한 일이 있다면 고의성이 없었어도 그 일을 참회합니다. 그 과정 동안 비난은 하지 않습니다. 가슴에 깊이 들어가 있는 동안 기도하는 마음으로 같은 실수를 반복하지 않겠다고 다짐합니다. 당신은 마음의 부담이 사라지는 듯 느낄 것입니다.

기도한 직후 가슴에 의문이나 혼란이 올라올 수도 있다. 그 즉시 답을 찾을 필요는 없다. 대개 아침에 일어날 때 그 답을 알게 된다. 말이 아닌 다른 형식으로 답이 와도 반드시 해결책을 찾을 수 있다.

감정 조절

규칙적인 하트풀니스 수행이 자리잡혀도 여전히 일상에서 오르락내리락하는 감정 반응과 싸우곤 한다. 어떤 날에는 주변 세상이 평온하게 느껴지지만 다른 날에는 분노, 불안, 불쾌, 지나친 흥분 그리고 공포심을 느낀다. 정서적 삶의 패턴을 관찰하면 오르내리는 특정 주기적 리듬이 있음을 알게 된다.

감정과 반응에 어떤 작업을 하면 우리 삶이 평온한 내면의 명상 상태에 더 조율하도록 할 수 있을까?

요가 심리학은 우리 감정을 이해하고 다듬는 아름답고 정교한 방법을 제공한다. 이 작업은 내면의 영성 작업을 완성한다.

* 감정과 느낌의 시작점은 가슴이다

명상에서 우리가 가장 먼저 관찰하는 것은 감정과 느낌이 가슴에서 올라온다는 점이다. 우리는 지성이나 추론 능력이 아닌 가슴으로 느낀다. 이후 그 느낌과 감정이 사고 과정, 특히 중뇌의 변연계를 거쳐 영향을 미치지만 처음 충동은 가슴이 시작점이다.

모든 사람이 내면세계의 느낌 탐색을 편안해하는 것은 아니다. 자라면서 학교에서든 집에서든 느낌 탐색을 격려받지 못했기 때문이다. 느낌을 느끼는 것은 육체적 가슴physical heart일까? 아니다. 미묘체로 알려진 진동적vibratory 또는 에너지적energetic 가슴에서 느낀다. 오늘날 사람들은 가슴에 바탕을 둔 특징인 연민, 공감, 회복탄력성, 사랑, 용기, 의지를 포함해 대니얼 골먼Daniel Goleman이 그의 유명한 책에서 정의한 감정 지능을 많이 이야기한다. 이러한 특징은 본질상 신체적인 것이 아니다. 이들 특징은 진동적 가슴에 속한다. 이 진동적 가슴에는 가슴 차크라도 있다. 그렇지만 진동적 가슴이 어떤 식으로든 영향을 받으면 이는 물리적 가슴에 영향을 미친다. 가령 감정의 원천은 미묘체에 있으나 화가 나면 심박변이도가 불규칙적이고 불안정해지면서 혈압이 상승한다. 따라서 감정 지능을 높이려면 심장으로 미묘체 작업을 해야 한다.

* 감정 대 느낌

우리가 두 번째로 관찰하는 것은 특히 정화 과정 결과로 나타나는 감정emotions과 느낌feelings의 차이다. 느낌은 연기를 내지 않고 깨끗하고 맑게 타는 나무의 순수한 불과 같다. 감정은 가려져 있거나 여과한 것으로, 축축하거나 불순물이 섞여 나무가 탈 때 연기를 많이 내는 불과 같다. 가장 순수한 느낌은 전기와 같아서 불타오름조차 없다. 순수한 느낌은 인간 진화에 자연스럽고 도움을 주지만 감정은 연기가 솟아오르는 나무처럼 불순물로 뒤덮여 있다. 불순물의 원인은 무엇인가? 앞서 말했듯 가슴에 자리 잡은 인상 혹은 삼스카라다. 가슴이 순수할수록 느낌이 명확하다.

* 느낌과 감정, 심장의 차크라

우리가 세 번째로 관찰하는 것은 가슴 차크라는 생명의 다섯 가지 전통 원소인 흙, 허공, 불, 물, 공기(지地, 공空, 화火, 수水, 풍風)와 관련된 다섯 가지 에너지 센터 또는 차크라로 구성된다는 점이다. 요가에서 이 다섯 가지 요소는 판차 부타pancha bhutas로 알려져 있는데, 각각에는 우리가 내면 여정 중에 마스터해야 할 특정 감정과 느낌의 스펙트럼이 있다. 사실 느낌과 감정은 특정 방식으로 인간 시스템에 모이며 우리는 영적 해부학으로 그 위치를 그려볼 수 있다. 영적 수행으로 이들 차크라를 마스터하지 못하면 해당 차크라와 관련된 감정을 마스터할 수 없다. 다섯 가지 차크라는 각각 특정 감정의 이중성과 연관이 있고 그 이중성은 드완다스dwandwas 혹은 대립으로 알려져 있다.

우리가 각각의 가슴 차크라에 쌓인 인상을 제거하고 관련된 느낌과 감정을 마스터하면서 정화하고 넘어가는 동안, 우리는 조금씩 더 높은 수준의 감정 지능과 성숙함을 계발한다.

차크라의 영적 해부학 작업은 감정과 관련해 많은 통찰을 준다. 다음에 공유하는 내용은 우리가 잠재의식적 패턴을 내려놓고 운명을 다시 디자인하도록 차크라를 마스터하게 돕는 실용적인 도구다.

* 영적 해부학

의식에서 감정 동요를 일으키는 것은 무엇인가? 호수에서 에너지는 파도와 물결 형태로 동요를 일으킨다. 의식의 호수에서 에너지는 생각, 느낌, 감정 형태로 동요를 일으킨다. 삼스카라 형성(우리의 생각과 경험 때문에 올라오는 에너지의 매듭 형성)은 하트풀니스 정화 내용에서 이미 설명한 바 있다. 이제 다양한 느낌과 감정을 어떻게 작업할 것인지 탐색하자.

인간의 가슴 영역은 일상의 이원성과 관련된 영역이다. 각 차크라에는 거기에 해당하는 느낌의 양극성 혹은 이원성이 있다. 가슴 차크라의 첫 번째 차크라, 그러니까 1번 지점은 가슴 좌측 아래에 위치하며 이곳에 육체의 심장이 있다. 1번 지점은 흙 요소와 관련이 있고 명상할 때 내면 환경에서 언뜻 노란색으로 본다. 이곳의 느낌 스펙트럼은 욕망 대 만족감으로 요가에서는 바이라갸vairagya(초연함, 무집착 – 옮긴이 주)라고 하는 욕망 부재와 동일시한다. 처음에는 각 스펙트럼에 '좋은 것'과 '나쁜 것'이 있는 것처럼 보일 것이다. 여기서 만족감은 긍정적, 욕망은 부정적으로 보인다. 어떤 면에서 이 관점은 옳다. 세속적인 것을 향한 욕망은 우리를 끌어내려 삼스카라를 만든다.

그러나 차크라를 정화하고 해당 차크라의 감정을 마스터하면 스펙트럼의 양극단 모두에 진화 목적이 있음을 발견한다.

결국 1번 지점에서 더 높은 무언가를 추구하는 욕망이나 갈망은 우리가 영적 목표를 향해 나아가도록 한다. 반면 만족감은 영적 수행에서 평화·안정감·뿌리내림을, 세속적 삶에서는 평정심과 인내심을 가져온다. 우리가 세속적 소유와 감각 욕망에 이끌릴 때 또는 죄책감·질투·분노에 사로잡힐 때, 이 차크라는

가슴 영역 차크라

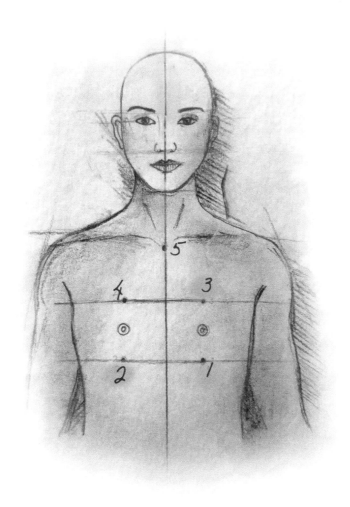

욕망에 바탕을 둔 인상으로 뒤덮이고 매우 무거워진다.

정화로 우리를 끌어내리는 욕망에 바탕을 둔 집착을 제거하고 기도, 명상, 내성으로 가슴의 느낌과 의식에 더 깊이 들어가면 우리 감정은 점점 덜 반응적이고 더 미묘해지며 결국 1번 차크라와 관련된 욕망과 만족감 스펙트럼을 마스터한다. 그 결과 목표를 향한 열망과 만족감 둘 다에서 이득을 얻는다.

가슴 영역의 두 번째 차크라, 즉 2번 지점은 가슴의 우측 아래에 있다. 이곳은 영혼 차크라로 해당 원소는 에테르ether이며, 에테르는 허공 혹은 아카샤akasha로도 알려져 있다. 이 지점과 관련해 명상할 때 우리는 언뜻 붉은색을 본다. 이 지점에서 우리는 커다란 평화로움을 발견해 세속적인 것을 하고 싶어 하지 않는다. 평화가 무척 매혹적으로 느껴져 평화를 방해받거나 주의가 다른 것으로 흩어지는 것을 원치 않고, 사업가든 학생이든 가정주부든 얼마간 다른 모든 것에 흥미를 잃는다. 이것이 두 번째 지점의 특징이다.

이곳의 느낌 스펙트럼은 불안과 초조함부터 평화까지 포함한다. 가슴이 삼스카라로 뒤덮여 있을 때, 가슴의 첫 번째 지점이 여전히 꽤 무거울 때, 그 무거움은 두 번째 지점으로 퍼져 올라온다.

그러면 우리가 불안과 걱정을 느껴 두 번째 지점에 평화란 있을 수 없다. 대신 세속적 얽힘에 끌려 영혼의 평화와 기쁨이 우리를 피해 간다. 1번 차크라 주변에는 A, B, C와 D로 알려진 4개의 주요 지점이 있다. 이 지점은 곧 더 자세히 설명할 것이다. 이 4개의 지점을 건강하게 유지하고 그것이 더 정화한 내면 환경에 둘러싸여 있으면 그만큼 다른 차크라는 오염되지 않는다.

가슴 영역의 세 번째 차크라인 3번 지점은 가슴의 좌측 위에 있다. 이곳은 불의 지점으로 명상 중에 흰색으로 볼 수 있다. 이 차크라에서의 느낌은 더없이 열정적이고 영감을 주며, 그 스펙트럼은 분노 대 사랑이다. 우리는 우리가 붙잡고 있는 인상과 욕망에 따라 이것을 경험한다. 분노와 사랑이 세속적 욕망에 뒤덮여 있으면 우리를 감정적 얽힘으로 끌어내리지만, 순수하면 우리 여정을 더 멀리 나아가게 한다.

사랑으로 시작하자. 그러면 우리가 경험한 내적 발전에 더더욱 감사하며 이 지점에서 신과 인도자를 향한 사랑이 만발한다. 사랑은 우리 여정에 기름을 부어 우리를 로켓처럼 위로 솟아오르게 한다. 우리는 이 여정에서 우리를 데려가고 있는 신과 인도자에게 강한 애착을 키우기 시작한다. 불꽃이 늘 위로 향하며 우리의 진보를 방해하는 것은 무엇이든 다 태워버리듯 사랑은 우리를 위로 데려간다. 불의 지점인 세 번째 차크라에서는 신성한 근원을 향해 사랑이 깨어나고, 이는 일상의 인간적 사랑을 초월해 더없이 연금술적alchemical이다.

분노의 순수한 표현은 정신을 고양하고 변형한다. 분노는 자기 제어self-refinement를 위해 주어진 진화 도구로, 요가에서는 두 가지 신성한 감정 중 하나인 크로다krodha로 알려져 있다.

이는 변화가 필요할 때의 자연스러운 경고 표시이자 변화의 동인動因이다. 분노를 느낄 때 중요한 단계는 우리 안에서 변화가 일어나야 함을 인정하는 일이다.

불행히도 우리는 대부분 타인을 향해 공격적인 혹은 심한 분노를 쏟아내거나 건강치 못한 방식으로 내면을 억눌러 우울증을 겪는다. 이러한 접근 방식은 좋을 게 없다. 그러나 세 번째 차크라로 여행하는 동안 우리는 분노를 마스터하고 이를 진화와 앞으로의 여정에 활용할 가능성이 있다. 건강한 방식으로 활용하면 분노는 변화를 위한 멋진 도구로 쓰인다.

3번 지점에서 사랑과 분노를 정제하면 이 경험은 가슴의 우측 위쪽에 있는 4번 지점의 다음번 이원성으로 전환한다. 용기와 두려움이 4번 지점의 이원적 특성이다. 3번 지점에서 사랑과 분노를 더 정화하고 고귀하게 만들수록 더 나은 용기와 두려움의 특징을 보인다. 이곳은 물의 지점으로 명상할 때 검은색을 본다. 느낌의 스펙트럼은 깊은 물의 흐름처럼 흐르며 공포와 용기를 포함한다.

가슴이 아직 순수하지 않을 때 우리는 두려움을 부정적 감정으로, 용기를 긍정적 감정으로 보는 경향이 있다. 두려움은 과거의 특정 사건, 사람, 상황과 관련이 있다. 예를 들면 뱀, 비행, 대중 연설, 어둠 속에 혼자 있는 것, 사람이나 어떤 대상을 잃는 것에 관한 두려움이 있다. 두려움은 우리의 과거 경험과 관련이 있다. 이는 무겁고 치명적이며 공포에 이르게 한다. 또한 자신감을 가로막고 흥미를 억누르게 만든다.

　그러나 가슴이 순수하면 두려움도 순수하고 자연스럽다. 이 '진정한 두려움'은 우리가 신중하게 하고, 자기 절제를 계발하게 만들고, 자원을 아끼게 하고, 자신이 선택한 길을 고수하도록 하는 자연스러운 경고다.

　건강한 신중함을 하나의 소양으로 기르면 우리는 무엇이든 당연하게 받아들이지 않는다. 이는 일상에서 자연스럽게 모든 생명체 존중, 타인을 향한 감사와 예의로 이끈다.

　이 스펙트럼의 반대 극은 용기다. 일반적으로 우리는 용기를 긍정적인 것으로 생각한다. 용기는 영적 여정에서도 앞으로 나아가고 자신감을 계발하는 데 필요하다. 그렇지만 균형을 잡아주는 두려움이 없으면 용기는 무모해질 수 있고 에고에 기름을 부어 오만함에 이르게 만든다. 무한한 용기를 내는 살인자나 도둑을 상상해보라! 우리가 가슴을 정화하고 네 번째 차크라를 건

너는 동안 우리는 진화와 발전을 위해 두려움과 용기를 모두 사용하는 법을 배운다.

3번 차크라에서 깨어난 사랑은 4번 차크라에서 더 미묘하고 덜 열정적이지만 더 강한 무언가로 깊어져 용기의 토대를 만든다. 결혼생활과 마찬가지로 초기에 외적으로 표현하는 사랑은 성숙함에 따라 더 오묘하고 깊어진다.

가슴 영역의 다섯 번째 차크라인 5번 지점은 옛 요가 전통에서 목 차크라로 알려져 있으며, 가슴 영역의 공기 지점이다. 여기서 우리는 초록색을 볼 수 있다. 이곳에서 경험하는 스펙트럼은 한쪽 극은 환상과 혼란이고 다른 쪽 극은 명확성과 지혜다. 가슴에서 의식 영역이 순수할 때 공기 원소는 고도의 명확성과 지혜를 가져오며, 혼란과 환상은 동요가 있다는 징조다. 이 경우 어떤 결정을 내리기 전 명확해질 때까지 잠시 멈추고 기다려야 한다. 5번 지점의 혼란은 1번 차크라 주변의 A, B, C, D 지점에 어떤 무거움이 있어서 2, 3, 4번 지점까지 퍼져갔을 때 일어날 가능성이 크다.

가슴이 순수할 때 이러한 각각의 이원성 가슴 영역은 우리가 여정을 나아가도록 도우며, 결국 이 모든 것을 초월하는 다음 단계로 가게 만든다.

삼스카라는 어떻게 형성되는가?

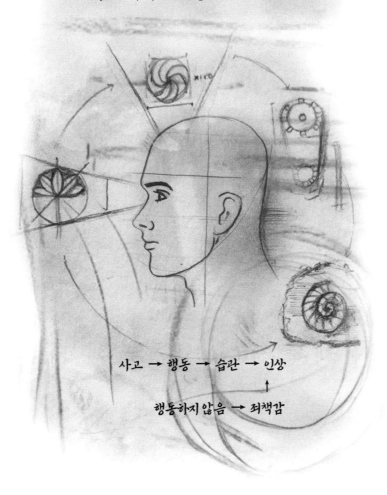

사고 → 행동 → 습관 → 인상
↑
행동하지 않음 → 죄책감

그러나 우리 가슴은 대부분 축적된 복잡성과 불순물로 가득 차 있으며 매일 더 쌓여간다. 이것이 우리가 감정의 얽힘에 쉽게 반응하고 붙잡히는 이유다. 이러한 인상은 어떻게 만들어지는 가? 이는 모두 단순한 소망과 호불호에서 비롯된다. 그리고 이 것은 긍정적이든 부정적이든 욕망으로 이어진다. 혐오 같은 부 정적인 것을 포함해 모든 욕망은 가슴에서 올라오며 인상이 가 슴 영역 1번 차크라 주변의 다양한 위성 에너지 센터나 지점인 A, B, C, D에 자리 잡게 한다.

* A, B, C, D 지점

우리는 늘 자신이 좋아하는 것과 싫어하는 것을 구분해 대응하 는데, 이러한 반응은 우리가 인식하지 않아도 종종 생각에 영향 을 미친다. 어떤 것은 좋아하고 또 어떤 것은 싫어할 때 그 반응이 감정 영역에 남아있으면, 그것은 가슴 왼쪽 하단에 있는 1번 지점 근처의 C 지점에 남는다. 이곳은 인상이 우리 마음 안에 남아있 는 지점으로 영적 해부학에서 중요한 지점이다. 인상은 C 지점에 서 1번 지점 주변에 있는 다른 지점으로 끌려간다. 이는 각기 다 른 감정에 제각각 다른 진동이 있기 때문이다. 예를 들면 세속적 걱정은 A 지점에, 감각과 성적 욕망은 B 지점에 그리고 죄책감 은 D 지점에 자리한다.

세속적 문제를 걱정하며 골똘히 생각하면 A 지점에 영향을 미친다. 세상 누구도 이런 걱정에서 벗어날 수는 없다.

사실 우리가 어려움을 걱정하는 것은 걱정거리에 대응해 행동하고 문제를 해결해야 한다는 좋은 신호다. 우리는 문제를 해결함으로써 자신감과 정신적 능력을 강화할 수 있다. 문제가 발생할 때마다 해결하지 않고 계속 걱정하기만 하면 상황은 더욱 악화하고 A 지점에 답답함을 느낀다.

인간 존재의 또 다른 부분은 성적인 삶과 다른 사람들에게 감성적으로 끌리는 일이다. 적당히 균형 잡힌 상태에서는 우리가 이를 관리할 수 있지만, 그것이 우리를 압도할 경우에는 그 인상이 B 지점에 남는다.

깊은 인상을 남기는 또 다른 감정은 죄책감이다. 아마도 죄책감은 우리가 만드는 가장 괴로운 인상일 것이다. 그것은 우리가 해야 할 일을 하지 않거나, 하지 말아야 할 일을 했을 때 발생한다. 마음에 많은 괴로움을 만드는 죄책감은 D 지점에 남는다.

A에서 D까지 지점은 심장의 1번 지점 주변에 있다. 즉, 이것은 영적 해부학의 수천 개 지점 중 하위 4개 지점에 불과하지만 계속해서 인상을 수집하는 중요한 지점이다.

그 4개 주요 지점은 다음과 같이 손가락을 사용해 거리를 측정함으로써 찾을 수 있다.

1. 먼저 흉곽 아래쪽 중앙에 있는 움푹한 곳을 찾는다.

2. 그다음 손가락 하나 너비만큼 아래쪽으로 간다.

3. 이어 왼쪽 가슴 쪽으로 손가락 4개 너비만큼 수평으로 간다. 이곳이 B 지점이다.

4. 거기서 위쪽으로 손가락 2개 너비만큼 이동하면 A 지점이다.

5. B 지점에서 직선으로 바로 아래, 가장 아래쪽 갈비뼈가 만져지는 곳이 C 지점이다.

6. 왼쪽으로 손가락 2개 너비만큼 수평으로 이동하면 D 지점이다.

7. 유두가 바로 그 위에 있어야 한다. D 지점과 왼쪽 유두 사이의 중간이 1번 지점, 즉 흐리다야Hridaya 차크라다.

왜 이 지식을 당신과 공유할까? 당신이 자각하길 바라기 때문이다. 가슴 주위의 A, B, C, D 지점에서 무엇이 일어나는지 관찰하면 해당 감정을 느낄 때 그 지점이 활성화한다는 것을 알게 된다. 감정을 알아채면 판단하거나 반응하는 대신 자신을 조율하고 정화할 기회를 얻는다. 자신을 수용하는 태도로 감정을 관찰해보라. 그렇지 않으면 자신에 관한 나쁜 느낌의 인상을 생각하거나 그 인상이 더 깊어져 내려놓기가 힘들어진다. 먼저 자신을 수용해야 한다.

A, B, C, D 지점과 1번 지점

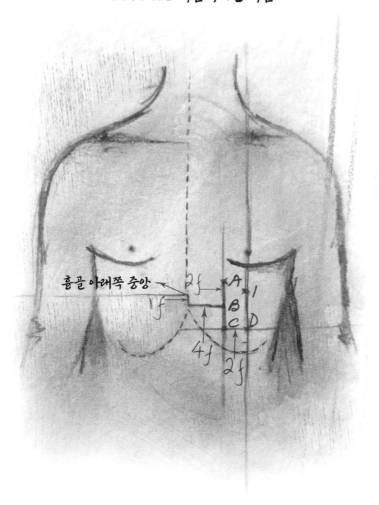

정화법으로 이러한 인상을 제거하면 더 이상 욕망에 시달리지 않으며 그 결과 만족감을 얻는다. 반면 인상이 지속해서 무거움을 만들면 당신은 계속 괴로운 상태로 남는다.

A, B, C, D 지점의 순수하거나 불순한 상태는 몸 전체에 영향을 미친다. 순수함이 있으면 그것은 가슴 영역의 2번 지점까지 퍼져가고, 2번 지점이 순수해지면 평화로 가득해진다. 만약 어떤 사람이나 상황이 계속해서 평화의 진동을 느끼게 하면 어떻게 될까? 그 사람이나 상황을 쉽게 사랑하게 된다. 반대로 계속해서 불편함이나 복잡성을 일으키면 오히려 짜증이 난다.

우리는 그것을 왼쪽 상단에 있는 3번 지점에서 경험한다. 여기에는 분노와 사랑이 끊임없이 존재한다. 그 사랑과 분노를 정화하면 4번 지점에서 자연스럽게 용기와 힘이 발전하며 긍정적 두려움이 당신의 길을 잡아준다. 4번 지점에서 경험하는 것은 목에 있는 5번 지점의 특성을 불러일으킨다. 이 차크라의 방향은 순수성, 명료함, 지혜와 관련되어 있다.

이 나비 효과는 마음 영역Mind Region의 6번 차크라 이상 지점에까지 영향을 미친다. 사실 마음 영역은 착각을 용납하지 않는다. 마음이 괴로움과 복잡성으로 동요할 때 우리는 인간성과 인간적 특성을 잃는다. 전체 시스템에 형성된 모든 인상을 가슴에서 정화하는 것이 모든 내적 여정의 첫 번째 단계인 이유가 여기에 있다. 괴로움을 짊어진 채 수행을 계속하는 것은 불가능하다. 이는 마치 양쪽 신발에 10킬로그램의 콘크리트를 매달고 에베레스트산을 오르는 것과 같다. 비결은 용기를 내고 사랑하며 평화롭게 욕망에 덜 끌리는 데 있다.

* A, B, C, D 지점을 위한 하트풀니스 수행

하트풀니스에는 A에서 D까지 지점을 관찰할 뿐 아니라 다음과 같이 정화하는 수행법이 있다.

C 지점에서 좋아하는 것과 싫어하는 것 미리 방지하기

모든 것은 C 지점에서 시작한다. 이곳은 삼스카라가 우리 시스템 내부로 유입되는 전략적 지점 혹은 원지점이다. 앞서 말한 대로 좋고 싫은 반응은 의식 영역에서 첫 번째 진동과 동요를 만든다. 이는 C 지점에 영향을 미치며 여기에서 에너지는 인상을 형성한다.

C 지점에 인상이 자리 잡는 것을 방지하려면 마음이 좋고 싫은 것에 끌리지 않도록 하루 종일 명상 상태를 유지하려 노력해야 한다.

그러면 인상이 의식 영역에 영향을 미치지 않는다. 이것은 우리의 정신적, 영적 건강을 위해 할 수 있는 매우 중요한 일 중 하나이며 하루 종일 명상 상태를 유지하는 것이 중요한 건 이런 이유 때문이다.

그래도 때로는 인상이 우리 시스템에 형성된다. 그럴 때는 다음과 같은 실천 방법을 사용해 그것을 제거한다.

A 지점에서 합일을 위한 명상하기

보편적 형제애를 촉진하고 모든 이와의 합일에 이르기 위해 A 지점에서 명상한다. 명상은 잠자리에 들고자 기도하기 전에 5~7분 이내로 한다.

- 남성을 위한 명상: 전 세계 모든 여성과 남성이 당신의 자매와 형제임을 상상하며 A 지점에 주의를 집중합니다. 이것을 사실이라고 믿으면서 A 지점에서 그 생각을 유지합니다. 진심으로 명상하면 즉각 효과를 볼 수 있으며 그 효과는 영구적입니다.
- 여성을 위한 명상: 모든 신성한 선물이 당신에게 주어지고 전 세계 모든 남성과 여성이 서로 형제자매라 생각하며, 당신의 생각이 그들과 하나라고 여깁니다.

왜 남성과 여성의 수행법이 다를까? 이것을 숙고하면 이는 양과 음, 여성성과 남성성의 극성 혹은 보완성의 차이를 반영

한 것임을 알게 된다. 이해가 더 깊어지면 왜 두 성별이 존재하는지, 어떻게 서로 보완하고 가르치는지와 관련해 더 많은 것이 드러난다.

전 세계 사람들이 매일 이 연습을 하면 '인류는 한 가족'이라는 개념이 매우 빨리 현실화할 것이다. 모든 원한, 질투, 개인 간 충돌, 세계 간 충돌, 소유욕과 탐욕은 사라지고 합일이 널리 퍼지리라. 우리에게는 세상 걱정을 관리하고 합일을 이루는 데 필요한 간단하면서도 효과적인 도구가 생겼다.

B 지점에서 감각적 욕구 관리하기

이 과정은 기상 후 아침 명상을 하기 전 5~7분간 진행한다.

> B 지점에 주의를 모으고 모든 불순물과 무거움, 괴로움이 B 지점에서 몸의 앞쪽으로 빠져나간다고 상상합니다. 과정을 진행함에 따라 몸의 뒤쪽에 영혼의 빛이 나타나기 시작한다고 상상합니다.

두 번째 신성한 감정은 카마kama 혹은 성욕인데 우리는 인간이 계속 번성하려면 성욕이 필요하다는 것을 알고 있다. 신은 두 성별을 이유 없이 창조하지 않았다. 그러나 독신이 자연스러운 상태가 아니듯, 또 다른 극단으로 치달으면 성중독이나 성도착

증으로 이어질 수 있다.

그런 의미에서 이 창조적 에너지는 관리하고 균형 잡혀야 한다. B 지점의 정화는 성욕 해독 혹은 섹스 해독 역할을 해 이 에너지를 균형 있게 유지함으로써 감각적 욕구에 압도당하지 않게 한다. 전 세계 사람들이 매일 이 수행을 하면 인간 사회에 어떤 일이 발생할지 상상해보라!

A 지점 명상과 B 지점 정화라는 하트풀니스 수행법은 우리 인생에서 더 무거운 경향성을 제거하기 위해 개발했다. 이것을 매일 수행하면 당신은 자신을 정화할 뿐 아니라 더 큰 선을 이루는 데 기여할 것이다.

D 지점에서 죄책감 놓아주기

죄책감은 모든 인상 중 가장 무거운 것으로 우리를 많이 괴롭힌다. 우리의 생각, 감정, 행동은 죄책감을 만들 수 있지만 아무것도 하지 않는 것은 더 심한 죄책감을 만든다. 놓친 기회는 우리를 괴롭힌다. '좀 더 공부했으면 원하는 대학에 들어갔을 텐데' '더 노력했으면 내 경력은 …이 됐을 텐데' '오늘 아침 아버지에게 못된 말을 하지 않았으면 좋았을 텐데' '내가 좀 더 사려 깊고 자상했으면 딸이 집을 떠나지 않았을 텐데' 등 이런저런 생각이 우리를 괴롭힌다.

'하지 않는 것'은 더 심각한 문제다. 가령 어느 병원 의사가 병동을 돌고 있는데 한 여성이 토하고 있다고 해보자. 의사는 "다른 환자들을 보러 가야 하니 10분 후에 다시 올게요. 간호사가 환자를 돌봐주세요"라고 말한다. 그런데 의사가 다시 돌아와 보니 환자는 이미 사망한 상태다. 뭔가를 할 수 있었음에도 불구하고 하지 않은 의사가 그날 밤 잠을 이룰 수 있을까?

밤에 잠자리에 들 때 먼저 떠오르는 생각은 흔히 우리가 놓친 것들이다. 어떤 때는 자다가 벌떡 일어나기도 한다. "할머니 생신을 깜빡했네!" "오늘 저녁에 딸과 함께 시간을 보내기로 약속했는데, 일을 끝내고 동료들과 한잔하다 보니 시간이 금세 가버렸네!" 우리가 하지 않은 일은 무거운 인상을 만들고 그것은 죄책감으로 변한다. 그 죄책감은 우리 가슴의 가장 깊은 수준에 남으며, 가장 무거우면서 가장 제거하기 어려운 인상이다.

죄책감을 없애려면 매우 높은 수준의 헌신과 모든 수준에서의 협업이 필요하다. 내부에서 죄책감을 있는 그대로 직면하고 자신을 드러내야 한다. 가슴을 열고 신이나 인도자에게 말한다.

"다 제가 만든 것입니다. 다시는 그러지 않겠습니다. 이것이 없어지도록 도와주세요."

중요한 것은 앞으로 같은 생각이나 행동을 반복하지 않겠다고 진심으로 결심하는 일이다.

이 수행을 하기에 가장 좋은 시간은 밤에 잠들기 전이다. 이때 죄책감을 놓아주는 것이 우리의 수면에 미칠 긍정적 영향을 상상해보라! 우리가 잘못한 것을 모두 기억할 필요는 없다. 스스로 마음을 열면 인도자가 제거해야 할 것을 제거할 테니 말이다. 이런 세션은 하트풀니스에 많이 있으며 시간이 지나면서 무거운 것은 인도자의 도움으로 서서히 사라진다.

트랜스미션과 함께 명상할 때는 제거해야 할 죄책감이 분명히 드러난다. 인도자가 하는 작업이 생각 제거이기에 그것이 표면으로 올라오는 것이다. 그러니 숨길 이유가 없다. 생각과 싸울 필요도 없다. 왜 생각이 일어나는지 그 메커니즘을 알면 협력하기가 훨씬 쉽다.

이것은 인도자가 우리 몸 내부를 깨끗이 비우고 모든 복잡한 것을 밖으로 끌어내는 까닭에 일어나는 일이다. 이어 인도자는 우리를 균형 잡힌 삶으로 이끌 가벼움, 보편 지식, 신성의 지혜로 우리 가슴을 채운다.

행복 발견

독일 철학자 쇼펜하우어는 이런 질문을 했다. 인간이 행복한지 불행한지 어떻게 결정할 수 있는가?

그는 모든 욕망을 완전히 충족하는 것을 '진정한 행복'으로

정의했다. 한 사람의 행복은 수학적으로 다음과 같이 설명할
수 있다.

$$행복 = \frac{충족한\ 욕망의\ 개수}{전체\ 욕망의\ 개수}$$

만약 욕망 10개가 있는데 5개를 충족했다면 우리는 50퍼센
트 행복하다. 10개를 모두 충족했다면 100퍼센트 행복하다. 욕
망이 많을수록 모든 것을 충족하기가 더 어려우므로 우리는 덜
행복할 것이다. 행복은 욕망의 개수와 반대로 움직인다. 우리에
게 아무런 욕망도 없다면 무슨 일이 벌어질까? 분모는 0이다. 무
엇이든 0으로 나누면 부정不定, indeterminate(수학에서 해가 무수히
많을 때, 답을 정의할 수 없을 때 – 옮긴이 주)이 되므로 우리에게 아무
런 욕망이 없으면 행복은 무한이 된다.

욕망이 없으면 우리는 그 무엇에도, 심지어 자신에게도 아무
런 기대를 하지 않는다. 우리가 아무런 기대도 하지 않으면 남을
속이거나 조종하지 않는다. 이는 우리가 운명을 엮어가는 방식
에 중대한 영향을 미친다. 인간이 내면 상태나 인간성을 어떻게
파괴하는지 생각해보라. 이는 모두 욕망에서 기인한다. 욕망이
채워지지 않을 때 우리는 실망한다. 실망은 분노를 낳는다. 분노

는 우리의 균형을 깨뜨린다. 일단 균형, 즉 정신적 평형상태가 깨지면 두려움이 커지고 우리는 자신의 인간성을 파괴하거나 상실한다.

인생에서 무슨 일이 생겼을 때 그 결과는 좋든 싫든 둘 중 하나다. 일반적으로 우리는 결과가 좋을 때 행복하고, 결과가 좋지 않을 때 괴롭다. 어떤 행동이 좋은 결과를 내고 그것이 계속 일어나면 우리는 행복한 성향을 지닌다. 그러면 실망에 실망을 거듭하는 사람에게는 무슨 일이 일어날까? 그 사람은 일반적으로 신뢰하기를 멈춘다.

어떻게 하면 어떤 상황에서도 행복할 수 있을까? 바로 이것이 궁극적 행복이다. 무한의 행복과 지복을 누리려면 우리는 많은 욕망이 아닌 적은 욕망으로 욕망을 최소화해야 한다. 그렇게 스스로 평화로울 수 있을 때 무슨 일이 일어나든 '나는 행복해'라고 느낀다. 하루를 마칠 때 인상을 정화하는 것도 도움을 준다. 우리는 욕망의 끈을 느슨하게 하고 즐거운 성향을 유지할 수 있다.

그럼 아무런 욕망 없이 삶을 이끌어가는 것이 가능할까? 욕망 없이 살 수 있는 사람은 없다. 여기서 중요한 차이는 욕망과 감정을 어떻게 연관 짓느냐가 만든다. 예를 들어 어린이의 성장 과정에는 장난감이 필요하다. 하지만 그것은 더 많은 장난감을 갖고 싶다는 욕망으로 발전할 수 있다. 아이가 장난감을 가지고 노는 것은 문제가 아니지만, 어른이 여전히 바비 인형이나 무선 조종 자동차를 가지고 노는 것은 어리석은 일이다. 이와 비슷하게 젊은 청년이 로맨스를 바라는 것은 문제가 아니지만, 나이 든 사람이 이성에게 추파를 던지는 것은 여러 수준(신체적, 정신적, 정서적, 영적)에서 비생산적인 일이다. 또한 같은 사람이라도 연령대에 따른 정서적 성숙도가 욕망을 표현하는 방식에 영향을 준다.

나와 맞는 사람과 결혼하길 원하는 것, 가족을 먹여 살리기 위해 사업에서 성공하길 바라는 것, 명성 있는 대학에서 좋은 교육을 받고 싶어 하는 것에는 아무 문제가 없다.

욕망을 열망으로 전환할 수 있으면 욕망은 진화한다. 욕망이 우리를 수많은 욕망의 소용돌이에 빠뜨릴 때 우리 시스템에서 무거움이 만들어진다. 욕망이 열망에 가까울 때 욕망은 그저 소유하고 충족하는 것이 아닌 '되기becoming'와 '존재하기being'로 이끈다.

욕망을 품고 살면서 욕망이 우리에게 영향을 미치지 않게 해야 하는 수수께끼를 어떻게 풀 수 있을까? 쉬운 답은 없다. 그러나 수행하면 우리 안에 만족하는 마음이 더 크게 자리 잡는다. 그 결과 '소유'와 '소유하지 못함'의 밀고 당김에 휩쓸리지 않고 열망에 가까운 욕망을 지닐 수 있다. 핵심은 만족하는 마음에 이르는 데 있다. 에고와 자만, 오만 없이 온전히 임할 때 기쁨과 만족이 있다.

비판은 좋은 것!

비판은 민감한 주제다. 우리는 대부분 비판받는 것을 좋아하지 않기 때문이다. 하지만 자신을 있는 그대로 보는 것은 쉽지 않다. 그러니 비판 없이 우리가 어떻게 변화하고 성장할 수 있겠는가? 비판은 타인이 우리를 비추는 거울과 같다. 대개는 비판하는 중에 다른 사람도 배움을 얻는다. 그들 내면에 똑같은 것이 없다면 우리 잘못을 지적하지 않을 것이다. 그들 역시 변화 과정에 있다. 그러므로 전 과정은 양자 모두에게 도움을 준다.

인도자는 우리의 진화를 위해 고안한 건설적인 비판을 한다. 한때 바부지는 이런 말을 했다.

우리가 당신을 관찰하고 당신 행동 중 고쳐야 할 것을 지적한다면 이는 당신을 기분 나쁘게 하려는 의도가 아닙니다. 인도자는 수행자들에게 관심이 있습니다. 인도자는 그들에게 최선의 것을 주고 싶어 합니다.

우리가 당신을 위해 그렇게 하지 않는다면 누가 하겠습니까? 가족 혹은 친구가 지적하면 받아들이겠습니까? 비난하는 것이 아닙니다. 비난과는 다릅니다.

우리는 여러분 모두가 성장하고 찌꺼기를 벗어던지는 것을 보고 싶습니다. 우리의 목적은 매우 다릅니다. 당신의 부담을 덜고 정화하고 당신 곁에서 우리를 느낄 수 있는 능력을 포함해 당신의 모든 지각을 다듬는 것, 이 모든 것이 영적인 일의 한 측면을 구성합니다. 우리는 당신이 시험에 맞서 더 강해지고, 당신이 가는 과정에 부담을 줄 수 있는 불필요한 것에서 더 멀어지게 돕기를 원합니다. 우리는 당신이 인격 형성을 위해 긍정적이고 건설적인 태도를 지니길 제안합니다. 영적 과정은 모든 수준에서 노력이 필요합니다.

어떤 방법을 따를 때는 그 방법이 효과적일지라도 성격 변화가 필요합니다. 최상의 결과를 얻고자 할 때 성격 변화를 위한 노력은 바람직한 전체적 노력이자 최대한의 헌신입니다. 이는 개인의 선택입니다. 당신을 위해 우리가 대신 해줄 수는 없습니다.

남편은 부인이 자기 잘못을 지적하면 간혹 짜증을 내며, 그 반대의 경우 부인도 마찬가지다. 배우자가 우리 일을 대신 해주고 있는데 짜증 낼 필요가 있을까? 이들은 우리가 개선해야 할 부분을 알려주고 있다. 그러니 짜증을 내기보다 감사하는 게 어떨까? 만약 무언가가 정말 옳게 느껴지지 않는다면 그냥 흘려보내자. 비판은 단점보다 이득이 훨씬 더 크다. 비판을 감사하게 받아들이는 이는 성숙하고 현명한 사람이다.

모든 일을 탁월하게 해내기

나는 가끔 삶의 목적이 우리가 하는 모든 일을 뛰어나게 해내는 데 있다고 생각한다. 리더, 화가, 학생, 환경미화원 등 누구나 탁월할 수 있다. 모든 사소한 임무에서도 탁월해질 잠재력이 있다.

때로 나는 사람들이 "에고가 커질 테니 나는 탁월해지고 싶지 않아. 에고로 가득 차기보다 겸손해지고 싶어"라고 말하는 것을 듣는다.

자기중심적이지 않은 것은 좋지만 이는 탁월함을 잃지 않는 선에서 그래야 한다. 당신의 에고는 "내 업적을 봐. 정말 대단해. 내가 해냈어. 넌 나처럼 대단하지 않아"라고 말하거나 생각할 때만 부풀어 오른다. 에고로 인해 타인에게 상처를 주지 않는 게 최선이지만, 우리가 내면을 바라보며 "이번에는 지난번보다 더 잘해보자"라고 말한다면 에고를 잘 활용하는 셈이다.

에고는 절대 파괴되지 않으며 그렇게 두어서도 안 된다. 잘 사용한다면 에고는 진화를 위한 핵심 도구 중 하나이기 때문이다.

진정한 에고와 함께하면 우리는 자신과 타인을 비교하지 않는다. 대신 우리는 자신의 이전 성취와 지금의 자신을 비교한다. 이런 방식의 에고 활용은 생산적이다.

영적 수행에서도 마찬가지다. 애초에 바부지는 트랜스미션, 정화, 기도, A와 B 지점 등이 있는 모든 명상 방법을 어떻게 받았을까? 이것은 느낌으로 온 내용이다. 아마 다음과 같았을 것이다. 방법이 보이고 느낌이 있었다. 그 느낌을 언어로 옮겼다. 바부지는 내용을 글로 적었고 그 수행은 방법이 되었다. 수행할 때 우리는 이 과정을 역으로 행하는 법을 배운다. 우선 글을 읽고 방법을 따르는데 결국 그 언어는 느낌이 된다.

우리가 그 느낌으로 정화하는 수준에 이르면 말은 더 이상 필요치 않다. 우리는 "모든 불순물과 복잡성이 사라지고 있다"라는 말 대신 곧장 정화를 시작한다. 그렇지만 자연스럽게 진화하도록 말로 먼저 수행한 결과 저절로 오게 하자.

기도도 마찬가지다. 많은 경우 우리는 기도를 시작하고 기도심이 가득한 상태에 놓이며 그 뒤 기도 안에 녹아든다.

말은 더 이상 필요치 않다. 말은 어떤 마음 상태, 어떤 가슴 상태, 어떤 영적 상태를 만들기 위해 존재한다. 우리가 그 상태가 되면 말을 초월한다.

때론 명상에서도 같은 경험을 한다. "내 가슴속 빛의 근원이…"

와 같이 문장을 마치지도 못한다. 눈을 감으면 트랜스미션이 시작되고 그 안에서 우리는 사라진다. 이것이 하트풀니스의 놀라운 점이다. 방법이 있지만 말을 마치기도 전에 일어나기 시작한다.

이럴 때 우리는 명상을 '하는' 것이 아니다. 우리에게 그 일이 일어난다. 기도하면 기도 상태가 내면에서 일어나기 시작한다. 우리가 허락하면 상태 역시 하나둘 내면에서 펼쳐진다.

이와 달리 "해뜨기 전 규칙적으로 명상하고, 퇴근하자마자 정화하길 한 번도 빠뜨린 적이 없어. 잠들기 전 기도도 하는데 여전히 별다른 차이를 느끼지 못하겠어"라고 말한다면 무언가 잘못된 것이 틀림없다. 모든 걸 했지만 느낄 수 없다고 말하는 사람은 예외 없이 해야 할 모든 것을 다 하지 않은 것이다.

모든 암시, 과정, 태도는 반드시 올바로 행해야 한다. 일단 우리가 방법을 올바르게 알면 그다음에는 시간을 고정해야 한다. 단 10분을 명상해도 매일 같은 시간에 앉도록 훈련하고 그다음에 명상 시간을 늘려간다. 진공 상태는 은혜를 불러온다. 구도자의 가슴속 진공이란 무엇인가? 진공은 깊은 갈망과 중심을 잡는 느낌으로 만들어진다. 우리에게 갈망이 있는가? 하트풀니스는 열정과 열광, 많은 사랑으로 가득하게 한다.

시간을 잘 활용하기

바부지가 손바닥에 수로를 그려 의도의 단순화를 설명하던 이야기로 돌아가자. 어떻게 하면 우리 삶에서 불필요한 방해 요소를 제거하고 가장 중요한 목적에 초점을 맞출 수 있을까? 이와 관련된 또 다른 이야기가 있다.

마하바라타 전쟁이 일어나기 전 어느 날 구루 드로나차르야는 제자들의 주의력이 얼마나 강한지 알고 싶었다. 그는 나뭇가지 위에 장난감 새를 올려놓고 제자들에게 새의 왼쪽 눈에 명중하라고 했다. 그때 아르주나만 새의 왼쪽 눈 정중앙을 정확히 맞혔다. 드로나차르야는 제자들에게 무엇을 보았는지 물었다. 제자들은 나무, 가지, 잎을 보았다고 대답했다. 아르주나는 새의 머리만, 그다음에는 왼쪽 눈만 보았다고 답했다. 하나로 모은 주의력 덕택에 아르주나는 그 시대 최고의 궁수가 될 수 있었다.

많은 사람이 젊은 시절에는 일, 가족 등에 집중하고 명상은 나중에 해야 한다고 생각한다. 어떤 부모는 명상이 세속적인 활동에서 멀어지게 한다고 여겨 자녀가 학업 중이거나 일을 시작할 때 명상하는 것을 반대한다. 그러나 확신컨대 명상은 당신의 경력과 가족, 세속적인 삶의 모든 면을 도와준다. 내 첫 번째 명상스승은 일찍 결혼했는데 시댁 식구들이 매우 보수적이었다. 바부지는 그녀가 결혼하기 전에 그녀에게 명상을 소개했다. 그녀가 결혼하자 시댁 식구들은 "집에서 명상하면 안 돼"라고 말했다. 남편이 명상에 반대하는 상황에서 그녀는 어떻게 명상할 수 있었을까? 모든 사람이 그녀에게 계속 "뭐 하고 있는 거야?"라고 물었다. 그녀는 그들과 논쟁하는 대신 일찍 일어나 자는 척하며 이불 밑에서 하트풀니스 명상을 했다. 저녁이면 화장실로 가서 정화 수행을 했다. 그녀는 가족과 갈등을 일으키지 않고 잘해냈다.

영적 여정은 힘과 체력이 있는 젊은 나이에 시작하는 것이 좋다. 젊을 때 우리에게는 책을 읽고, 지식을 습득하고, 명상하고, 저 높은 곳에서 오는 은혜와 축복인 트랜스미션을 받을 시간이 있다. 나이가 들면 노화 탓에 신체적 고통이 방해할 때가 있다. 침대에 누워도 평화롭지 못할 텐데 통증과 고통을 걱정하면서 어떻게 자리에 앉아 명상할 수 있겠는가? 그러니 나중으로 미루기보다 지금 성취해야 할 것을 성취하는 것이 바람직하다.

한번은 차리지가 "원하는 만큼 돈을 벌되 현명하게 쓰세요"라고 말했다. 사실 돈을 현명하게 쓰면 그리 많은 돈이 필요치 않다. 우리가 쓰는 수단이 정직하고 순수할 때 천만 달러에서 1억 달러로 사업을 확장하는 것이 문제가 될까? 그렇지 않다. 후회도 죄책감도 없다. 우리는 이익을 타인과 나눌 수 있고 이는 우리 가슴을 열어준다. 사랑하는 사람과 우리 자신만을 위해 돈을 버는 게 아니다. 베풀 능력이 있을 때 더 멀리 추구할 수 있다.

물질적 삶을 위해 돈을 벌고자 하는 노력이 우리의 영적 노력을 뒷받침하는 데 쓰인다면, 존재의 영적인 것과 물질적인 것 양쪽 날개가 함께 날아 통합될 것이다. 이는 영성의 날개를 물질적 삶으로 확장하는 문제다. 그런 다음에야 물질적 번영의 아름다움이 있다.

겸손과 단순함 기르기

지금까지 우리는 순수함이 어떻게 운명을 만드는지 알아보았다. 그렇지만 운명을 파괴할 수 있는 부정성은 많이 이야기하지 않았다. 다음을 생각해보자. 어떤 종류의 기분이 순수함을 파괴하는가? 분노, 증오, 의심, 유혹, 두려움, 죄책감, 게으름, 에고, 질투, 무시, 판단, 편견이 그것이다.

첫 단계는 적을 파악해 우리에게 너무 많은 영향을 미치기 전에 알아채는 일이다. 이제 친구는 어떻게 알아볼까? 순수함을 지지하고 더 강하게 만들어줄 좋은 것은 무엇일까? 사랑이 제일이다. 그다음은 인내, 관대함, 수용, 믿음, 자제 등으로 우리에게는 많은 친구가 있다.

《바가바드 기타》에서 주 크리슈나는 인생의 투쟁을 해결하기 위해 갖춰야 할 위대한 자질을 언급한다. 그는 비유를 들어 말했다. 우리 삶은 궁전 안에서 살며 보호받는 것과 같다. 궁전이 벽으로 둘러싸여 있고 고귀한 자질이 하나씩 각각의 문을 보호한다고 상상해보라. 그 궁전에서 가장 취약한 곳은 아무도 관심을 기울이지 않는 뒷문으로, 이곳은 겸손이 지킨다. 이 문은 너무 작아 대체로 눈에 잘 띄지 않는다. 우리의 관심을 끌지도 않는다. 거의 모든 적이 공격하는 곳이자 가장 예측하지 못하는 장소다. 주 크리슈나는 이 문을 항상 겸손으로 보호해야 한다고 말한다. 겸손하지 않으면 다른 모든 문이 위험해진다.

사실 우리에게 겸손과 단순함의 자질이 있다면 우리는 모든 것을 가진 셈이다. 우리에게 더 필요한 것은 없다. 겸손과 가슴이 있어서 무언의 존경뿐 아니라 고귀함도 있다. 우리가 걷거나 말할 때, 심지어 아무것도 하지 않을 때도 우리는 고귀함을 발산한다. 대화에는 한없는 예의와 정중함이 있다. 우리는 기품 있는 대화를 추구하고 교감 상태로 더 깊이 나아간다. 대화에서 교감으로 나아가는 것이다.

행동의 복잡성과 에고를 정복하고 위대함이라는 벽을 부숴 우리 자신을 겸허하고 작은 존재로 낮출 때라야 진정 인생이 즐거울 것이다.

이제 누가 기꺼이 내려놓길 원하는가? 바로 이 지점에서 에고가 문제를 일으킨다. 그러나 이곳은 우리가 에고를 충족하고 그 자질을 활용할 수 있는 지점이기도 하다. "나는 내려놓는 기술에 탁월해질 거야"라고 하는 것처럼 말이다. 이 과정에 에고가 도움을 주는 한편 우리는 천천히 에고와 작별한다. 사실 우리가 늘 타인을 더 위대하게 보는 한, 우리 자신을 위대하게 여기는 것은 잘못이 아니다.

자연스럽고 진실해지기

아름다운 장미향이 풍기는 순간을 상상해보자. 장미가 자신이 내뿜는 향기를 얘기할 필요가 있을까? 마찬가지로 순수함은 말할 필요가 없으며 사랑도 그렇다. 말로 표현하는 것은 이들을 더 낮은 수준으로 끌어내릴 뿐이다. 자질은 자연스럽게 드러난다.

그런데 간혹 우리의 지성이 간섭해 내면에서 논쟁이 일어난다. 이걸 해야 하나, 아니면 저걸 해야 하나? 우리 내면의 성품이 항상 순수함과 사랑을 뿜어낸다면, '좋아. 이 시간에는 이것 한 가지 일만 해야 해'라며 자신을 제한할 필요가 있을까? 이는 자연스럽지 않다. 이것은 마치 당신이 지나가면 당신 존재를 인식하고 향을 내뿜는 인공 향수 펌프 같다. 이를 장미와 비교해 보라.

또 다른 간단한 비유가 있다. 당신이 강변에 앉아 쉬고 있다고 해보자. 갑자기 바보 같은 생각이 떠오른다. '물결이 몇 개나 지나가는지 세어보자.' 이러면 우리는 편히 쉬며 주변의 아름다움을 감상하는 대신 시간을 낭비하고, 그 결과 두통이 생긴다. 같은 맥락에서 명상할 때도 완전히 자연스러운 상태가 되도록 노력해야 한다.

이전에 경험한 최고의 명상 세션을 떠올리려 노력하거나, '가장 가벼운 상태가 되어야 해!'라고 생각하거나, 억지로 무념무상이 되려고 애쓸 필요가 없다. 그저 시간을 낭비할 뿐이다. 자연스러운 것이 더 낫다. 그래야 순수함에 몰입할 수 있다. 그렇지 않으면 우리가 갈망하는 상태는 우리 욕망을 충족하기 위해서만 주어진다. 이는 자연스럽지 않다. 더 깊이 가야 한다고 생각하며 명상할 필요도 없고, 특정 상태를 경험하길 원할 필요도 없다. 마음을 활짝 열어야 한다. '이런저런 것을 느끼고 싶다'라고 말하는 순간, 조건을 붙이는 탓에 우리는 길을 잃고 만다.

평범한 인간관계에서조차 조건을 갖다 붙이는 순간, 관계는 더 이상 성립하지 않는다. 이를테면 남자친구에게 "매주 영화관에 데려가면 결혼할게"라고 말하는 것을 상상해보라. 이를 관계라고 할 수 있을까? 왜 조건을 붙이는가? 신과의 관계도 마찬가지다. 왜 관계의 가치를 떨어뜨리는가? 신과의 관계에서는 그 어떤 조건도 붙이지 않아야 한다. 그저 당신 자신이 필요할 뿐이다.

당신의 진정한 모습을 보여주면 상대가 당신을 사랑하지 않을 것이란 걱정을 할 경우, 사랑하는 사람과 있을 때도 완전히 진실하기 어려울 수 있다. 그러나 당신이 꾸민 모습으로 대하면 가족과 친구에게 늘 좋은 인상을 주거나 그들을 기쁘게 하려고 하는 까닭에 그들과 적절한 관계를 맺을 수 없다. 누군가에게 좋은 인상을 줄 필요는 없다. 그렇게 해서 누구를 속일 수 있는가? 속는 것은 대부분 당신 자신이다. 꾸미는 데는 훨씬 더 많은 노력이 필요하다. 거짓말을 하면 그 거짓말을 기억해야 하기에 힘이 든다. 거짓말을 하려면 창의적이어야 하지만 진실을 이야기할 때는 그저 단순해지기만 하면 그만이다. 진실은 순수하며 가슴에서 우러나온다. 진실한 사람들은 자신의 단순함과 순수함에 만족한다. 또한 자기 자신을 알기에 타인에게 좋은 인상을 주려 애쓰지 않는다. 그들은 그들 자신이다.

사랑으로 말하기

깨어있는 동안 우리는 대부분의 시간을 의사소통하는 데 쓴다. 그래서 우리가 말하는 방식에 조금만 주의를 기울이면 인상 형성을 크게 줄일 수 있다. 나는 라라지의 삶과 가르침, 즉 타인에게 말하고 그들과 대화하는 방식을 공부하는 동안 아주 심오한 것을 발견했다. 이것은 내가 발견한 매우 가치 있는 것 중 하나로 내 인생을 바꿔놓았다.

라라지는 무엇을 말할까? 대화의 흐름이 현실 흐름과 조화를 이뤄 부드럽게 흘러가게 하라. 그러면 듣는 사람의 마음을 움직일 수 있다.

어떻게 하면 되는가? 모든 날카로움을 제거하고, 고요한 공기의 흐름처럼 당신의 말에 어떠한 무거움도 싣지 않도록 하라. 부드럽고, 교양 있고, 매끄럽고, 균형 잡힌 말을 하라. 품위 있고 예의 바르게 말하는 사람은 크고 순수하고 고귀한 가슴을 지닌다. 말에는 분노와 감정적 폭발이 없어야 한다. 가슴은 무척 부드럽기에 아주 작은 동요에도 시들기 시작한다.

이러한 부드러움을 기르려면 다른 사람의 가슴을 아프게 하려는 생각 없이 가슴이 사랑의 느낌으로 가득해야 한다. 그러면 당신의 말이 다른 사람의 가슴을 다치게 하지 않을 것이다.

우리가 일상생활에서 저지르는 실수는 주로 대화에서 말하지 않았어야 하는 것과 우리의 말하는 방식 때문에 발생한다. 때로는 말하지 않아도 우리의 태도가 많은 것을 전달한다. 지속해서 우리 자신을 관찰하고 근원과 연결하면 이런 단점을 넘어설 수 있다.

이와 관련된 재미있는 이야기가 있다. 어느 날 물라 나스루딘은 마을 주민 둘 사이에 벌어진 다툼을 살펴 누가 옳은지 판결해

달라는 부탁을 받았다. 그는 검사의 말을 듣고 나서 "그래요, 당신이 옳소"라고 대답했다. 검사는 매우 기뻐하며 자신이 승소했다고 생각했다. 그는 "봤지? 내 말대로야!"라고 외쳤다.

다시 피고의 말을 들은 나스루딘은 "그래요, 당신이 옳소"라고 말했다. 당황한 지역 보안관은 "판사님, 어떻게 양측이 모두 옳을 수 있습니까?"라고 물었다.

그러자 나스루딘은 "당신이 옳소!"라고 외쳤다.

평범한 관계에서조차 우리를 강하게 하는 것은 다름, 즉 의견 차이다. 당신은 한 가지 관점으로 살핀다. 당신 친구는 당신과 다른 관점으로 판단한다. 당신의 어머니는 그 새로운 관점에 가치를 부여한다. 운전기사는 또 다른 말을 한다. 우리는 다양한 관점을 기반으로 더 잘 이해할 수 있다. 의견 차이를 반대 의견으로 생각하거나 당신과 생각이 다르다는 이유로 상대를 경쟁자로 여기지 않는 것이 요령이다. 서로 다른 생각은 우리의 시야와 의식을 넓히고 확장하므로 그것을 포용하는 것이 훨씬 더 생산적이다. 직장과 가족을 비롯해 어느 곳에든 다른 생각은 항상 존재한다. 그 덕분에 삶이 풍요로워진다. 우리는 감정적 성숙으로 다양성을 받아들이고 모든 관점을 통합하는 법을 배워야 한다.

내 인도자들이 가르쳐준 매우 유익한 또 다른 의사소통 방식이 있다. 그것은 바로 미묘하게 간접적으로 소통하는 방식이다. 예를 들어 다른 사람의 어떤 습관을 고치거나 비판하고 싶다고 해보자. 그럴 땐 본인에게 직접 말하기보다 여럿에게 공통적으로 이야기하는 것이 더 낫다. 때로는 그 습관을 이야기하는 내내 다른 사람을 바라보는 것이 좋다. 그러면 상대는 방어하거나 반발하지 않고 조언을 받아들인다.

사랑으로 먹기

깨어있는 동안 우리가 두 번째로 많이 하는 일은 '먹기'다. 우리는 대화로 생각과 감정을 흡수하고 교환한다. 음식으로는 에너지와 영양소를 흡수하고 교환한다.

　음식을 섭취하는 동안 우리의 마음 상태는 매우 중요하다. 앞서 나는 1890년대에 파블로프 박사가 개를 대상으로 한 행동주의 실험을 말한 바 있다. 파블로프는 고양이를 대상으로도 실험했다. 그때 고양이에게 먹이를 주고 먹이를 먹는 동안 분비하는 소화액을 측정했다. 한번은 고양이가 막 먹기 시작했을 때 개를 데려왔다. 개를 본 고양이는 겁에 질려 위액이 거의 나오지 않았다. 두려움이 아주 적은 음식마저 올바로 소화하지 못하게 방해한 것이다. 마찬가지로 우리가 스트레스가 많거나 두려운 상황에 놓이면, 식사할 때 음식에 부정적으로 전달된 진동이 우리 몸에 영향을 미친다. 즉, 소화한 음식이 모든 세포로 이동하면 그것이 부정적 영향을 준다.

저녁 식탁에서 다툼이 벌어질 때 집에 무슨 일이 일어날까? 음식을 잘 소화할 수 있을까? 우리는 저녁 식탁에 모여 앉아 간혹 가족 문제를 이야기한다. 가족 문제를 의논하는 것은 잘못이 아니지만 더 나은 때를 기다리는 것이 바람직하다. 접시에 담긴 음식을 받고 신께 감사하며 식사 시간을 명상처럼 만들자. 이런 마음 상태로 음식을 먹었을 때 그 음식이 영적으로 얼마나 충만해지는지 상상해보라! 모든 종류의 영적 질병은 이 간단한 행위로 치유할 수 있다.

내 말을 믿지 않아도 괜찮다. 그냥 직접 관찰해보라. 밝고 감사한 기분으로 식사할 때와 스트레스를 받거나 불안한 기분으로 식사할 때 어떤 일이 일어나는지 비교해보자.

이제 우리가 내면 자아의 기억 속으로 사라질 때, 그 내면 상태가 향기를 발하는 중에 음식을 먹을 때, 어떤 일이 일어나는지 관찰해보자. 음식을 준비할 때의 기분이 미치는 영향도 관찰하자. 애정을 담아라. 이는 아름다운 효과를 낼 것이다.

난관을 수용하는 법

석탄과 다이아몬드의 차이는 무엇인가? 둘은 모두 탄소다. 석탄

이 강한 압력과 열을 받으면 다이아몬드로 변한다. 우리도 마찬가지다. 그런데 최종 결과가 늘 좋다는 것을 알고 있어도 우리는 가끔 도전의 압박을 겪고 싶어 하지 않는다. 예를 들면 우리는 "공항까지 걸어서 왔어요"라고 힘들었던 시간을 뿌듯해하며 이야기한다. 심지어 자랑하기도 한다. 차를 타고 갔다면 자랑할 게 있었을까? 정말 힘든 시간을 보내며 성실함으로 살아남았을 때라야 "와, 내가 해냈어!"라고 말할 수 있다. 힘든 시기는 진정 우리를 더 강하게 만든다.

인생의 도전은 우리가 더 큰 일을 위해 준비하게 만든다. 도전의 순간은 우리에게 배울 기회를 준다. 가장 좋은 방법은 좌절하지 않고 문제를 해결하려 노력하는 일이다. 좌절하면 마음이 혼란스럽다. 그렇게 레이더가 망가지면 내면의 안내가 없어 올바른 결정을 내리기 어렵다. 그러니 고난이 닥쳤을 때는 더욱 깨어 있어야 한다. 고난과 싸우는 대신 초대하자.

고통을 받아들이는 법을 배우면 고난의 목적과 고난이 우리를 위해 무엇을 할 수 있는지 이해하게 된다. 고난이 우리를 어디까지 데려갈까? 회피하거나 싸우려고 반응하는 순간 이 모든 것을 잃어버린다.

고요한 가슴과 담대한 가슴 그리고 많은 용기를 지니고 평화롭게 어려움을 헤쳐가면 우리는 보다 강하게 일어설 수 있다. 어려움을 받아들이지 않을 경우 아무것도 배우지 못한다. 그저 받아들이기만 하면 우리는 그냥 인간으로 남을 것이다. 운명을 진정 변화시키려면 단순한 수용 이상의 것이 필요하다. 모든 상황을 즐겁고 유쾌하게 받아들이고 거기에서 나타나는 아름다움을 보아야 한다.

여기에는 용기와 자신감이 필요하다. 자기 확신이 없다면 인도자가 헤쳐가도록 도와줄 것이라는 믿음을 갖자. 그러면 승리자가 될 것이다. 세속적 측면에서는 실패하더라도 인생이라는 시험에서는 멋지게 합격할 수 있다. 인생을 있는 그대로 마주하고 미소 지으며 앞으로 나아갈 경우, 당신은 스스로의 운명을 만들어갈 수 있다. 우리는 모두 시련과 어려움을 겪는다. 누구도 예외는 없다. 하지만 시련을 유쾌하게 받아들이면 영적 결실을 얻을 것이다.

어떤 의미에서 시련은 고통, 즐거움, 어려움 등 많은 것을 숙련하는 삶이라고 말할 수 있다. 모든 상황이 우리 손안에 있다. 더 멀리 나아가길 원한다면 단순한 수용을 넘어 유쾌하게 받아들여야 한다.

더구나 우리는 유쾌하게 감사하는 마음으로 받아들였는지도 모를 만큼 더 깊이 나아갈 수 있다. 그 깊이에 다다르면 우리가 나아가는 동안 유쾌하고 감사하게 받아들였는지는 그리 중요치 않다. 이는 절대적인 수용이자 완전한 내려놓음이며 그 상태에서 우리는 늘 현재에 존재한다. 우리는 다른 어떤 것을 기대하지 않는다. 타인이 달라지길 기대하지도 않는다.

계속 더 나은 순간을 기대할 때 우리는 결코 행복할 수 없다. 대신 세상을 받아들이고, 세상과 화해하고, 자신과도 화해하려 노력할 때 우리는 삶을 마스터한다. 그러면 우리는 자신이나 다른 사람에게 인상을 만드는 일 없이 자신감 있고 우아하게 인생의 모든 상황을 헤쳐갈 것이다.

우리 존재는 더 이상 파문을 일으키지 않는다. 그저 순수함과 사랑의 파동을 내보낼 뿐이다.

영성과 삶에서 우리는 미지의 세계를 향해 나아가고 있다. 그러니 어떻게 다음 단계를 기대할 수 있겠는가? 불가능하다. 기대가 사라질 때 우리는 온전히 받아들이고 가슴은 만족스러워진다.

평정심

위대한 구루나 성인을 만나 그의 삶을 관찰해본 경험이 있는가? 당신은 그와 같아지고 싶을 것이다. 위대한 존재의 생활양식을 관찰할 때 어떤 점이 매력적일까? 그들의 삶에서 눈에 띄는 고귀하고 순수한 자질은 무엇일까?

내 두 번째 인도자인 차리지 이야기를 해보겠다. 내가 본 그의 뛰어난 자질은 무척 많지만 그중에서도 가장 인상 깊었던 것은 평정심이다. 그는 절대 서두르지 않았다. 열 명이 기다리고 있어도 한 명 한 명 주의를 기울였다. 그룹 명상을 진행할 때는 시간을 들여 명상을 잘 마무리했다. 개인 명상 세션에서는 시간을 들여 천천히 했다. 어떤 일이 주어지든 그는 절대적인 평정심을 지니고 해냈다. 요리할 때 그의 몸짓에서는 사랑이 흘러나왔다. 심지어 우리를 꾸짖을 때도 평정심과 사랑이 가득했다. 허둥대는 기색이 전혀 없었다. 모든 일을 아주 멋지게 천천히 했다.

물라 나스루딘은 특유의 유머로 제자들에게 이런 자질을 보여줬다고 전해진다. 어느 날 그는 당나귀를 타고 서둘러 시장을 지나가고 있었다.

제자와 친구가 몇 미터 간격으로 그를 불러 이야기하려 했지만, 그는 계속 더 빨리 가면서 "지금은 멈춰서 이야기할 시간이 없습니다. 제가 바쁜 게 보이지 않습니까? 당나귀를 찾고 있습니다!"라고 말했다.

이 이야기는 인간의 곤경을 잘 보여준다. 속도를 늦추는 것, 주변 사람을 위한 시간을 내고 삶의 아름다움을 즐기는 것 그리고 구도와 구도자로서 자신을 의식하는 것이 중요하다. 그러니 잠시 멈추고 평정심을 유지하려 노력하자. 주변 모두가 서두르고 압박감이 있을 때는 더욱 그렇다. 가슴속으로 들어가 중심을 느끼고 자신을 다시 조율하자. 침착하고 우아하게 지금 주어진 과제에 접근하도록 노력하자.

수면과 자연 리듬

삶에서 우리가 따르는 자연스러운 주기에는 무엇이 있을까? 우선, 들숨과 날숨이라는 매우 규칙적인 호흡 패턴이 있다. 호흡 패턴 뒤에는 더 깊은 수준에서 일어나는 에너지 유입과 방출이 있고 당연히 활동, 휴식, 수면이라는 하루 주기도 있다. 또 다른 리듬은 심장 박동이다. 마지막으로 매달 달의 주기에 더 잘 조율하는 방법도 탐색할 필요가 있다.

신체가 건강해야 마음이 건강하고 그 반대의 경우도 마찬가지다. 많은 사람이 건강한 마음이 건강한 신체를 만든다고 주장하지만, 건강한 신체가 없다면 우리 마음은 미쳐버릴 것이다.

"다리도 손도 움직이지 않고, 다른 것도 다 움직이지 않아요."

우리는 의사에게 가서 하소연한다. 자연의 리듬을 따르지 않고 이미 파괴적인 길을 선택했는데, 어떻게 운명을 만들 수 있겠는가? 그런 리듬을 이해하고 그 리듬과 조화를 이루는 것이 중요하다.

* 호흡

호흡이라는 주제부터 시작해보자. 우리 각자에게 홍채나 지문과 관련된 고유의 정체성이 있는 것처럼 호흡 패턴에도 고유성이 있다.

우리는 특정 리듬에 따라 숨을 들이쉬고 내쉰다. 그 호흡을 자세히 살펴보면 두 콧구멍이 태양과 달의 주기에 따라 다르게 작동한다는 것을 발견할 수 있다. 잠시 시간을 내 주로 어느 쪽 콧구멍으로 호흡하는지 관찰해보자. 왼쪽인가, 오른쪽인가? 아니면 양쪽이 같은가?

《요가 샤스트라》에서는 양쪽 콧구멍 모두에 큰 의미를 둔다. 오른쪽 콧구멍은 수리야 나디Surya Nadi 또는 핑갈라Pingala와 관련이 있으며 활동을 나타내는 교감신경계와 연관된다.

왼쪽 콧구멍은 찬드라 나디Chandra Nadi 또는 이다Ida와 관련이 있으며, 휴식과 안정을 나타내는 부교감신경계와 연관된다. 몇 시간마다 패턴이 바뀔 수 있지만 전반적으로 낮과 밤에 매우 뚜렷한 차이가 있다. 이상적으로는 낮에는 오른쪽 콧구멍이 우세하고 밤에는 왼쪽 콧구멍이 우세함을 보인다. 당신이 낮에 열 번 확인하면 열 번 중 여덟 번은 오른쪽 콧구멍이 왼쪽 콧구멍보다 더 활발하고, 밤에는 그 반대임을 알 것이다. 이 생리기능은 태양과 달의 움직임과 직접 관련이 있다.

세 가지 주요 나디

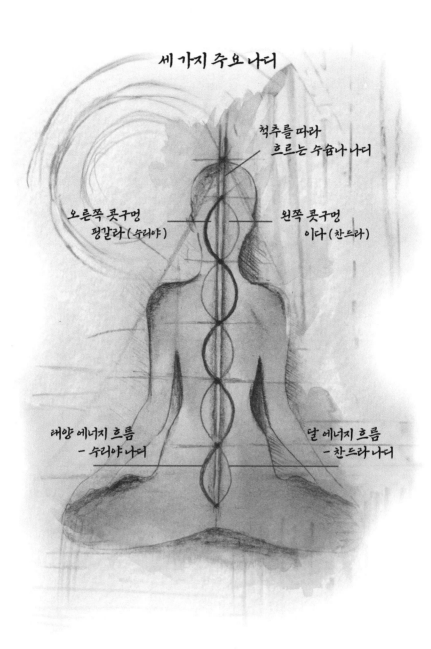

척추를 따라
흐르는 수슘나 나디

오른쪽 콧구멍
핑갈라 (수리야)

왼쪽 콧구멍
이다 (찬드라)

태양 에너지 흐름
- 수리야 나디

달 에너지 흐름
- 찬드라 나디

균형이 깨지면 전환이 일어난다. 가령 화가 나면 무슨 일이 일어날까? 분노는 교감신경계 반응이므로 오른쪽 콧구멍이 강하게 활성화해 우세해진다. 두려움과 불안이 클 때도 마찬가지다. 교감신경계 반응이 일어나는 동안 우리 몸은 아드레날린, 코르티솔, 노르에피네프린 호르몬을 혈액으로 분비하며 심장 박동이 점점 더 빨라진다. 또한 근육이 긴장해 행동할 준비를 하고 혈압이 올라가 경계심이 커진다.

'싸움 혹은 도주'할 준비를 하는 셈이다. 간단한 호흡 운동을 하면 이를 되돌려 가라앉힐 수 있다.

> 화가 치밀어 오르는 것을 느낄 때 엄지손가락으로 오른쪽 콧구멍을 막고, 왼쪽 콧구멍으로 천천히 깊게 복부까지 숨을 들이마시고 완전히 내쉽니다. 이 같은 호흡을 왼쪽 콧구멍으로 8~10회 계속합니다.

이 방법을 직접 시도해보고 도움을 받는다면 다른 사람에게도 알려주자. 일반적으로 가슴 두근거림이 멈추고 더 차분해지며 가득 찼던 분노, 두려움, 불안 같은 감정이 꽤 많이 사라진다. 이는 부교감신경계가 활성화했기 때문이다. 하지만 불안장애가 있는 사람에게는 의사의 진찰을 받도록 조언해야 한다.

옛날 사람들은 잠을 이루지 못할 때 일어나서 자신의 호흡을 살폈다. 호흡이 정상적이지 않을 경우, 그들은 뜨거운 물을 마시거나 프라나야마Pranayama를 하거나 걸었다. 호흡을 주의 깊게 관찰하면 해가 뜰 무렵에는 왼쪽에서 오른쪽으로 천천히 이동하고, 해가 질 무렵에는 오른쪽에서 왼쪽으로 서서히 이동하는 것을 볼 수 있다. 이 전환기에 명상하면 정말 효과적이다. 이 시간에는 수리야와 찬드라 나디 사이에 균형이 잡혀있어 명상에 적절하다.

실험 삼아 밤과 낮에 불규칙적 간격으로 자신을 관찰해보자. 당신의 에너지 패턴은 흡수형인가 발산형인가? 에너지 유입 혹은 방출을 관찰할 때 왼쪽 콧구멍으로 숨을 쉬는지, 오른쪽 콧구멍으로 숨을 쉬는지도 관찰하라. 아마 에너지 유입 · 방출과 호흡 패턴 사이의 관계를 찾아낼 수 있을 것이다. 우리 모두 이 연구에 기여할 수 있다.

* 하루 리듬과 호르몬

이른 아침, 동트기 전 자연의 에너지 흐름은 근원을 향해 한 방향으로 흐른다. 이는 물리적 에너지가 아니라 훨씬 더 미묘한 에너지다. 우리에게는 이런 흐름과 함께할 때가 가장 좋으며 이것은 새벽 전에 명상할 때 일어난다. 해뜨기 바로 전에 명상하는 것이 더 현명한데, 그 시간에는 우주 에너지가 자연스럽게 유입

되고 트랜스미션도 자연스럽게 흐르기 때문이다. 해가 뜬 뒤에는 에너지 흐름이 자연스럽게 바깥쪽으로 향하는 까닭에 트랜스미션을 흡수하기가 쉽지 않다. 또한 이런 이유로 에너지 흐름이 바깥쪽으로 향하는 저녁 시간에 정화하는 것이 좋다. 이때 우리 시스템에서 노폐물을 배출하니 말이다. 그러니까 일몰 직전처럼 수리야 나디가 활성화할 때 이러한 일이 일어난다.

수백만 년 동안 진화해온 우리의 유전적 성향은 이 태양 주기와 여타 자연 주기에 반응하도록 설계되어 있다.

낮 동안 우리는 특정 패턴의 호흡과 활동 수준에 맞춰진다. 태곳적부터 우리 조상은 이 주기를 기반으로 자연스러운 생활 패턴을 개발했다. 활동은 대부분 낮에 이뤄졌고 밤에는 휴식을 취했다. 이에 따라 신체는 낮과 밤, 활동과 휴식이라는 리듬을 습득했다.

이 주기에 맞추기 위해 우리 조상은 일반적으로 일찍 일어나 태양을 맞이했다. 예를 들어 하타 요가Hatha Yoga에는 이른 아침 야외에서 떠오르는 태양을 바라보며 인사하는 수리야 나마스카르Surya Namaskar라는 태양 경배 자세가 있다. 오늘날에도 인도의 일부 마을에 가면 이른 아침에 사람들이 태양에 물을 바치는 전통 힌두교 의식을 행하는 모습을 볼 수 있다. 이제 과학자들은 햇빛이 눈의 망막에서 시상하부까지의 신경 경로를 활성화해 세로토닌 생성을 유도한다는 사실을 알고 있다. 세로토닌은 우리의 '행복' 호르몬으로 이것이 없으면 우리는 우울증에 걸리기 쉽다.

이른 아침 밖에서 햇빛을 쬐면 하루의 세로토닌 생성이 시작되어 우리는 삶을 밝고 즐겁게 느낀다. 또한 수면 위 햇빛은 대기에 음이온을 방출하게 해 우리의 시스템에 더욱 활력을 준다. 많은 고대 의식에는 훌륭한 과학적 지혜가 담겨있다!

그뿐 아니라 충분한 세로토닌은 멜라토닌 호르몬 생성의 전제조건이다. 세로토닌은 송과체 안에서 멜라토닌을 생성하기 위해 화학적으로 변형이 이뤄진다. 우리 몸이 잠자리에 들기로 예정한 때의 두 시간 전부터 몸에서는 멜라토닌 수준이 증가하기 시작한다. 이러한 자연 리듬을 충분히 잘 느끼면 편안한 기분으로 하루를 마감하고 밤을 준비할 수 있다. 반면 우리 몸이 수면을 준비하려 할 때 밤늦게까지 TV를 보거나 비디오 게임을 하는 것은 마치 물살을 거슬러 헤엄치는 것과 같다.

일찍 일어나 햇볕을 쬐면 세로토닌이 생성된다. 그러면 멜라토닌이 생성되어 숙면하고 다음 날 아침 다시 일찍 일어날 수 있다. 이처럼 매일의 호르몬 리듬은 서로 밀접하게 연결되어 있다. 이 주기가 흐트러지면 수면 문제와 우울증을 겪기 쉬운데, 이 두 가지는 현대인의 가장 심각한 질병이다.

* 웰빙을 위한 수면

이것은 수면의 중요성을 일깨운다. 수면 주기를 잘 조절하면 삶이 바뀐다. 잠을 얼마나 잘 자고 깊이 잤는지는 전반적으로 하루의 마음 상태를 결정한다. 대개는 자연 주기에 맞춰 일찍 잠자리에 드는 것이 좋다. 덕분에 안정적인 마음으로 명상하면 의식을 잘 통제할 수 있다. 의식과 싸우지 않아도 될 경우 아침 명상은 급격히 개선된다. 반대로 수면이 부족해 의식이 흩어지면 상쾌한 마음으로 일어나 아침 명상을 하기가 쉽겠는가?

아침에 완전히 깨어있을 때 우리는 애정을 담아 더 높은 의식을 초대하고 그 정수와 하나가 될 수 있다. 그러면 가슴에 아름다운 상태가 만들어진다. 그것이 아주 강렬할 경우 우리가 붙들려고 하든 하지 않든 그것은 우리와 함께한다. 떨쳐내려 해도 사라지지 않는다. 이것이 바로 우리가 의식을 받아들일 준비를 했을 때 만들어지는 상태의 영향력 혹은 영속성이다. 아침 명상을 방해받으면 숙면하지 못했을 때처럼 하루 종일 영향을 받는다. 명상을 해본 적 없는 사람이든 매일 명상하는 사람이든 거의 차이가 없다. 그냥 하루가 흘러가고 만다. 이때의 의식 수준은 거세게 파도치는 대양에 비유할 수 있다. 포효하는 대양은 박진감이 넘쳐 사람들은 그것을 소재로 시를 쓰지만, 사실 바다는 파도 없이 잔잔하고 온 사방이 완전히 고요할 때 진정한 아름다움을 드러낸다.

그러므로 우리 선택에 달려있다. 거세게 파도치는 바다 같은 삶을 선택한다면 혼란스러운 의식의 파도 속에서 길을 잃을 것이다. 반면 우리 의식이 고요하고 안정적이면 잔잔한 연못 위에 가벼운 이파리가 떨어져 물결을 만들 때처럼 아주 작은 변화나 변동마저 알아챌 수 있다. 그런 것이 느껴진다. 그래서 수면이 중요하다.

잠을 적절히 자면 아침에 오른쪽 콧구멍이 저절로 활성화한다. 수백 년간 우리의 신체 시스템은 해가 뜨면 특정 호르몬 패턴을 촉발하는 방식으로 진화했다. 이 리듬에 조율하면 우리는 저절로 건강해진다.

밤에 아주 늦게 잠자리에 드는 사람에게는 무슨 일이 벌어질까? 자연 리듬을 거스르면 우리가 물결을 거슬러 수영하는 셈이라 시간이 흐름에 따라 몸이 점점 쇠약해진다. 그러므로 가능한 한 빨리 건강한 생활 패턴을 따르는 것이 바람직하다. 야간 활동은 현대 사회의 폐해 중 하나다. 전기의 영향으로 이제 밤낮 간에 큰 차이가 없다. 불규칙한 습관과 늦은 밤 생활은 수면 부족 패턴을 낳고 이는 건강에 문제를 일으킨다. 특히 신경계가 스트레스를 받아 면역력이 떨어진다.

야간에 근무하는 사람들을 대상으로 광범위한 연구를 진행했는데, 그 결과 그들이 급격히 노화하는 것으로 나타났다. 생계를 위해 교대근무를 하는 이들과 달리 우리는 대부분 밤에 일할 필요가 없다. 우리에겐 선택권이 있지만 온갖 것을 시청하느라 밤 늦게까지 깨어있기를 선택한다. 영적 성장을 위해서든 건강을 위해서든 잠을 일찍 청하는 것이 크게 도움을 준다. "일찍 잠자리에 들고 일찍 기상하면 건강하고, 부유하고, 현명해진다"라는 오래된 영국 속담의 지혜를 기억하자.

제프 일리프Jeff Iliff의 TED 강연 〈숙면해야 하는 또 한 가지 이유〉는 우리에게 깨달음을 준다. 이 강연에서 제프 일리프는 수면 중에 신경계가 어떻게 자체 해독하는지 설명한다. 우리의 중추신경계에는 림프액 방출 시스템이 없어서 뇌척수액이 세포 사이의 공간을 흐르며 뇌에서 독소를 제거하는데, 이 작용은 수면 중에 일어난다. 수면 패턴이 정상인 사람은 뇌척수액이 효과적으로 독소를 제거하지만, 수면이 부족한 사람은 독소 제거가 크게 줄어든다. 이 독소들은 우리에게 영향을 미쳐 기분이 쉽게 불쾌해진다. 수면이 부족하면 아침에 무슨 일이 일어날까? 신경 질적이 되고 짜증이 난다. 수면이 부족한 사람이 다수의 교통사고에 책임이 있다는 것은 놀라운 일이 아니다. 또한 이들은 창의적인 토론이나 유익한 대화에 참여할 수 없다. 모든 사소한 의견 차이에 짜증이 나는 탓이다.

여기에 숙면하기 위한 몇 가지 팁을 소개한다.

- 아침 일찍 일어나 몇 분간 햇볕을 쬡니다.

- 해가 질 무렵이나 하루 일을 마쳤을 때 하트풀니스 정화 수행을 합니다. 그러면 그날의 걱정과 스트레스를 흘려보낼 수 있습니다.

- 저녁에 잠들기 전 몇 시간 동안 휴식을 취합니다. 이 경우 뇌파가 느려져 자연스럽게 수면으로 전환할 수 있습니다.

- 잠자리에서 먼저 그날 더 잘할 수 있었던 일을 분석하고, 잘못한 일을 흘려보내며 다시는 그것을 반복하지 않겠다고 맹세합니다. 이어 하트풀니스 기도로 중심과 연결되고 깊이 열린 이완 상태에서 잠에 듭니다.

위 방법을 실천하고도 여전히 수면에 어려움을 겪는다면 아래 더 유용한 팁이 있다.

- 잠자리에 들기 전 발을 씻습니다.

- 오른쪽으로 돌아누워 잠을 잡니다. 이는 부교감신경계를 활성화해 차분해지는 데 도움을 줍니다.

- 부드럽고 시원한 물이 머리 위에서 떨어져 당신을 진정시킨다고 상상합니다.

- 따뜻한 우유 한 잔을 마십니다.

- 침대에 누워 하트풀니스 이완 수행을 합니다.

- 편안한 음악을 듣습니다.

인생에서 탁월해지고 싶다면 우리의 수면 패턴을 자연스럽게 만들 방법을 찾아야 한다. 그렇지 않으면 평생 그 한 가지 근본 문제로 어려움을 겪게 된다. 무엇보다 일상 활동을 위한 적절한 의식이나 영적 상태에 있을 수 없다. 또한 우리가 우리를 안내하는 힘인 의식의 뿌리를 뽑아 감정과 반응에 더 크게 취약해진다.

나아가 우리는 하루 종일 인상을 더 많이 수집한다. 그러면 정화로 이러한 인상을 제거하는 능력에 문제가 생기고 명상이 어려워지는 악순환이 발생한다.

대신 좋은 상태, 순수한 상태, 지복이 넘치는 상태에 있으면 우리는 가벼움과 감사함을 느낀다. 가슴에서 솟아오르는 이 감사는 신과 우리 사이에 유대감을 만든다. 여기에는 커다란 혜택이 있으며 혜택을 더 많이 얻으면 얻을수록 점점 더 하고 싶어진다.

* 달 주기와 단식

우리 몸의 60~70퍼센트는 물로 이뤄져 있어 달은 우리 존재에 중대한 영향을 미친다. 바닷물에 미치는 달 중력의 영향(어떤 곳에서는 조수간만의 차가 15미터를 넘는다)에서 볼 수 있듯 달은 우리 몸속 수분에도 영향을 준다. 이러한 '달의 효과'는 여러 종의 식물과 동물에게서도 관찰할 수 있다.

'광란의lunatic'(lunatic의 기원은 달을 의미하는 라틴어 luna다 - 옮긴이 주)라는 단어는 인간 시스템에 미치는 달의 효과에서 기원한 것인데, 특히 만월 시기에 평소보다 범죄행위가 더 많이 일어나는 것으로 알려져 있다. 고대 인도인이 달의 중력 효과가 음력 8일부터 증가하기 시작해 14일에 최절정에 이른다고 기록한 것을 보면, 이들도 달의 효과를 관찰한 것으로 보인다. 두 날짜의 중간은 11일로 고대 인도인은 이날을 에카다시Ekadashi로 칭했다. 이는 산스크리트어로 숫자 11이다. 각 달에는 에카다시 날이 이틀 있다. 첫째 날은 달이 커지는 그달의 상반기, 둘째 날은 달이 작아지는 하반기에 있다. 두 날은 특히 건강에 중요하며 이때 많은 사람이 단식한다.

이 관습은 종교와도 관련이 있고 사람들은 건강과 안녕을 위해 이러한 의식을 따랐다. 우리 선조는 에카다시 날에 음식 섭취를 조절하면, 달의 중력이 우리의 신체 시스템에 미치는 영향을 조절한다는 것을 발견했다.

신체 시스템을 조화롭게 하는 단식 개념은 오스미 요시노리 박사의 환상적인 연구 자가소화작용autophagy과 관련이 있다. 오스미 박사는 이 연구로 2016년 노벨생리의학상을 수상했다. 자가소화작용은 우리 몸의 내부 재활용 프로그램으로 몸이 손상된 세포와 미사용 단백질을 소비하고 재활용하는 과정을 말한다. 이 작용은 단식할 때 더 효과적으로 일어난다. 감염 이후 우리 몸은 자가소화작용으로 박테리아와 바이러스에 감염되었던 세포를 제거한다. 흥미롭게도 여러 전통에 "감기에 걸리면 굶어라"라는 말이 있다. 나는 우리 조상이 신체, 감정, 정신 스펙트럼에 걸친 이 모든 상관관계를 관찰하고 특정 일에 단식하는 의식을 시작했다고 생각한다. 따라서 자가소화작용이 단순히 신체 이득을 넘어 감정과 정신 웰빙에도 중요한 역할을 한다는 것은 합리적인 가설이다. 물론 이를 증명하려면 더 많은 연구가 필요하다.

삶에서 매우 중요한 원칙 중 하나는 자연과 조화를 이루는 일이다. 우리는 강물의 흐름에 따라 수영할 수도, 강물을 거슬러 수영할 수도 있다. 흐름에 저항해서 무엇을 얻을 수 있겠는가?

방사선

전자기 기술은 우리 삶에 없어서는 안 될 부분이다. 우리 환경에는 와이파이, 인터넷, 블루투스, 휴대전화, 컴퓨터, 태블릿, 전자레인지, 의료기기, 그 밖에 인간이 만든 수많은 전자파 방출원이 있다. 오늘날 우리는 그 영향을 더 많이 알고 있다.

예를 들어 2011년 5월 WHO의 국제 암 연구 기구는 휴대전화와 기타 방출원에서 나오는 전자기장을 '인간에게 발암 가능성이 있는' 것으로 분류하고, 노출을 줄일 수 있는 안전한 방법으로 핸즈프리 장치나 문자를 사용하도록 권고했다.

이제는 생체전자기학bioelectromagnetics이라는 연구 분야도 등장했는데 스웨덴, 오스트리아, 독일, 프랑스 정부는 자국민에게 다음 사항을 권장한다.

- 핸즈프리 장치를 사용해 머리에 방사선 노출을 줄인다.
- 휴대전화를 몸에서 멀리 둔다.
- 외부 안테나 없이 차 안에서 휴대전화를 사용하지 않는다.

전자기장Electromagnetic Fields, EMFs은 우리의 생리와 건강에 어떤 영향을 미칠까? 미묘체는 우리의 에너지 몸으로 음극과 양극이 형성한 자체 전자기장을 가지고 있다. 그 결과 미묘체는 주어진 환경에 있는 다른 에너지 장의 영향을 받는다. 가령 뇌우가 오기 전 대기에 양이온이 축적되면 안절부절못하고, 일단 폭풍이 와 음이온을 방출하면 편안해진다.

자연에서는 모든 것이 역동적 균형 혹은 평형 상태에 있으며, 하루 종일 전기가 교대하는 것처럼 에너지 흐름의 상보적 전환이 이뤄진다. 수리야·찬드라 나디와 관련된 상보적 교감·부교감 신경계 흐름에서도 같은 종류의 전환 패턴이 나타나, 때로는 하나가 우세하다가 흐름이 바뀌어 다른 것이 우세해진다. 일출과 일몰에도 주요 변곡점이자 정지 지점이 있는데, 이때 마치 조수의 흐름이 바뀌듯 흐름 전환이 더 두드러지게 나타난다.

이러한 극성polarity 패턴은 행성 운동에서든 원자 운동 입자에서든 대우주와 소우주 수준에서 모두 볼 수 있다.

인간이 만든 전자기장을 환경에 더하면 무슨 일이 일어날까? 인공 전자기장은 자연 전자기장과 상호작용한다. 도시 환경에서 무선 기술이 더 강력할수록 우리에게 더 많은 영향을 미칠 가능성이 크다. 어떤 사람은 특히 민감해서 두통, 발진, 구토, 신경질적 불만을 호소한다. 전자기장이 이런 증상을 초래하는지는 아직 확실치 않지만 미묘체 수준, 에너지 장에 먼저 영향을 미치고 결국 육체에까지 영향을 주리라고 본다. 사실 대다수 질병이 미묘체의 불균형 혹은 교란에서 기인하기에 한의학은 경락, 아유

르베다Ayurveda는 '나디'와 '차크라'를 다룬다. 신체적 효과를 측정하지 않는다고 해서 더 미묘한 수준에서 아무 일도 일어나지 않는다는 의미는 아니다.

몇 년 전 덴마크의 여학생들이 학교에서 실험을 진행했다. 그들 중 한 명은 "우리는 모두 학교에서 집중에 어려움을 겪은 적이 있어요. 머리 옆에 휴대전화를 두고 자면 잠을 제대로 이루지 못하는 경험도 했어요"라고 말했다. 그들은 물냉이 씨앗 400개를 가져다가 접시 12개에 올려놓았다. 그중 접시 6개는 방사선이 없는 방에 두고, 나머지 6개는 와이파이 공유기 2대가 있는 옆 방에 두었다. 씨앗에는 같은 양의 물을 주고 동일한 조건의 빛을 쏘였다. 12일이 지난 뒤 살펴보니 공유기 옆에 둔 물냉이는 잘 자라지 못했고 일부는 돌연변이를 일으키고 죽었다.

이 실험은 국제적 관심을 끌었다. 과학자들은 다른 식물을 사용해 이를 이중맹검 통제 조건하에 반복 실험했다.

또한 실험자들은 다른 실험 변인을 추가했다. 아래는 접시에 녹두 씨앗을 담아 네 가지 다른 환경에서 실험한 예다.

당신이 직접 실험해 결과를 확인해보라.

녹두 싹을 이용한 방사선 실험

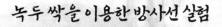

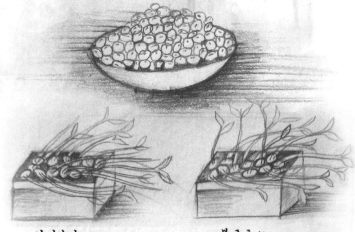

와이파이   블루투스

 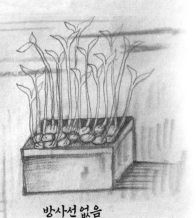

통제 집단   방사선 없음
- 방사선 없음   - 명상 혹은 기도하는 방

실험을 마친 뒤 덴마크 학생 중 한 명은 "이제 우리 중 누구도 침대 옆에 휴대전화를 두고 자지 않아요. 휴대전화를 멀리 두거나 다른 방에 둬요. 컴퓨터는 늘 꺼놓고요"라고 말했다.

아래에 변화를 불러오는 몇 가지 간단한 방법을 소개한다.

- 밤에는 물론이고 낮에도 사용하지 않을 때는 와이파이를 꺼놓는다.
- 차에서는 꼭 필요할 때가 아니면 휴대전화를 쓰지 않는다. 그리고 차 안에서 휴대전화를 충전하지 않는다.
- 휴대전화를 몸에 가까운 주머니에 두지 않고 가방 안에 넣는다.
- 블루투스는 필요할 때만 켠다.
- 취침 시에는 휴대전화를 침대에서 멀리 떨어진 곳에 둔다.
- 어린 자녀에게 휴대전화를 장난감처럼 갖고 놀도록 주지 않는다.

사실 이런 기술은 우리에게 많은 이득을 주었다. 그중 전 세계 사람이 쉽게 연결되고, 가족이 연락을 유지하고, 사업이 번창할 수 있었다는 사실을 빼놓을 수 없다. 이들 기술은 전 세계 네트워크에 혁명을 일으켰다. 그러나 여기에는 심각한 문제점도 있다. 오늘날 많은 사람이 이들 기술에 거의 중독 수준으로 의존한다.

이러한 장치에서 나오는 방사선은 우리의 미묘체와 의식에 미치는 영향 때문에 건강에 매우 해로울 수 있다. 이것을 계속해서 장기간 사용했을 때의 영향은 오랜 시간이 흐른 뒤 알 수 있을 것이다. 오늘날 우리는 왜 로마인이 납으로 만든 용기를 요리에 사용해 납에 중독되는 어리석은 짓을 했는지 의아해한다. 23세기 사람들은 우리가 디지털 기술을 절제 없이 마구 사용한 것을 돌아보며 똑같이 의아해하지 않을까?

11. 관계를 변형하라

오늘날의 20대에게 가장 신경 쓰이는 것이 무엇인지 물으면 대부분 인간관계와 직업이라고 대답한다. 30대와 40대에게 물어도 같은 대답을 한다. 가족, 지역 공동체, 도시, 국가 안에서 살고 있는 우리에게 관계는 매우 중요하다. 본성상 우리는 사회적 생물이라 중요한 관계에서 갈등이 생기면 무척 가슴이 아프다. 그러면 우리 중 얼마나 많은 사람이 건강하고 행복하고 긍정적인 관계를 만드는 방법을 안다고 말할 수 있을까? 여기에 내가 오랜 세월에 걸쳐 인간관계와 관련해 배운 것을 몇 가지 소개하고자 한다.

존중
상호 신뢰와 존경은 관계에서 매우 중요한 자질이지만, 우리는 종종 타인을 존중하려 노력하기보다 타인이 자신을 존중하길 기대하며 자기 존중self-respect에 더 신경 쓴다. 자기 존중은 보통 어른답지 못하고 성장에 그다지 도움을 주지 않기에 나는 자기 존중을 많이 중시하지 않는다. 그러면 이 주제에 더 고차원적인 방식으로 접근해보자. 다음은 하트풀니스 전통의 두 인도자가 자기 존중을 언급한 내용이다.

바부지: 나는 자기 존중을 '타인이 내게 하지 않았으면 하는 것을 타인에게 하면 안 된다'라는 의미로 이해합니다.

라라지: 모든 사람은 말을 삼가야 합니다. 너무 길게 말할 기회를 주어서는 안 됩니다. 즉, 너무 오래 토론하도록 내버려두면 안 됩니다. 자기 집안 비밀을 아무에게나 드러내서는 안 됩니다. 자신을 약하게 생각해서는 안 됩니다. 타인이 당신을 무례하게 대하도록 만드는 것은 어떤 것도 발언해서는 안 됩니다. 이 모든 것이 자기 존중의 정의에 해당합니다.

이제 타인 존중을 생각해보자. 이것은 자기 사랑의 복사본이다. 자기 사랑이 없으면 이 훌륭한 자질은 당신 내면에서 결코 계발할 수 없다.

자신을 불행하게 만든 무언가를 행하는 바람에 화가 났던 상황을 떠올려보자. 그럴 때 타인을 존중할 수 있을까? 불가능하다. 이를 당신이 사랑하는 상태에 있을 때 어떻게 행동하는지와 비교해보자. 당신 앞에 적이 올지라도 당신의 행동 방식 때문에 그 적은 '이것 봐! 저 사람이 나한테 잘해주는데'라고 느낄 것이다. 그러면 그는 달라져서 돌아간다.

타인 존중은 여러 가지 방식으로 표현할 수 있다. 만약 고위 인사에게 초대받았다면 반바지를 입고 갈까? 아니다. 그 사람에게 존경심을 표하고 싶기 때문이다. 여기서 말하는 원칙은 멋지게 보이고 싶다는 것이 아니라 특정 위치에 있는 누군가를 방문할 때 좀 더 신경 쓴다는 것이다. 사무실에 손님이 방문했을 때 넥타이를 매고 간다면 이는 손님을 존중한다는 표시다. 과시하고 싶어서가 아니다. 특정 방식으로 옷차림을 갖추는 것은 타인 존중을 보여준다.

이같이 말하고, 앉고, 고개를 들고 있는 방식은 우리가 만나는 사람에게 무언가를 전달한다. 손님 앞에서 구부정한 자세를 취하는 것은 예의가 아니다. 말하지 않아도 행동이 모든 것을 표현한다. 진실함이나 느낌 없이 자신을 표현하면 표정이나 태도가 이를 드러낸다.

어떤 사람은 문을 쾅쾅 두드려 불안하게 만들면서 마치 폭풍을 일으키듯 방 안으로 들어온다. 우리는 걷고, 말하고, 주위를 둘러보는 방식에서 많은 것을 볼 수 있다. 이들에게는 타인을 사랑하는 마음이 없기에 무례한 분위기를 풍긴다. 그들에게는 타인 존중도 없다.

아이와의 관계는 어떨까? 우리는 아이들을 존중하지 않으며 간혹 그들 존재를 당연하게 여기고 장난을 친다. 이런 태도와 바부지가 어린아이들과 맺었던 관계를 비교해보자. 바부지는 어린이들을 매우 존중했기에 이들을 그대Thou라는 의미인 '아압 Aap'이라 불렀다.

나는 우리가 아이에게 크게 존중하는 마음으로 말할 때, 세상으로 나와 성장하려 노력하는 어린 친구에게서 같은 특성을 불러일으키는 것을 보았다. 하지만 어린이에게 계속 "멍청한 녀석, 자리에 앉아. 이런 짓 하면 못써. 얌전히 있어"라고 말하며 꾸짖고 놀리고 궁지로 몰아세우면, 그 아이는 같은 행동을 배운다. 그에게는 아주 어린 시절부터 존중이라는 개념이 매우 낯설어진다. 어린이가 존중이 무엇인지 모른다면 이는 어른이 어린이를 존중하지 않았기 때문이다.

어린아이가 "와, 꽃이 아름답구나"라고 말하면 "그래! 정말 멋진 꽃이구나. 네 말이 맞아"라며 칭찬하자. 더 깊이 탐색하도록 안내하자. 꽃잎이 몇 장이지? 무슨 색이야? 향기는 어때? 분석력을 계발하도록 도와주자. 처음부터 시작하면 우리는 그것이 어디로 갈지 알 수 있을 것이다.

사랑

나는 과학적인 개념으로 시작해 사랑이라는 주제를 탐색하고자
한다. 엔트로피란 무엇인가? 실제 예를 들어 이해해보자. 도서
관에서 책을 대출받아 집에 왔는데 아버지가 다른 책을 선물로
주고, 여자 친구는 잡지를 주고, 당신에게 음악 CD 컬렉션이 있
다고 해보자. 책과 CD들이 모두 방에 있는 작은 테이블 위에 쌓
여있어 어지럽다. 방의 나머지 부분도 정리되어 있지 않다. 옷은
방바닥 여기저기에 흩어져 있고, 양말은 침대 밑에 있으며, 의자
에는 수건이 걸려 있다. 이는 정돈되지 않은 시스템으로 무척 혼
란스럽다.

결국 엉망진창인 상태에 좌절해 모든 것을 치운다. 책을 책장
의 제자리에 꽂고, 빨래를 하고, 침대를 정리한다. 이제 방이 깨
끗해 보이지만 당신은 다시 책과 다른 물건들로 방을 어지럽히
기 시작하고 시스템은 무너진다. 물건을 정돈한 상태로 유지하
려면 계속해서 에너지를 써야 한다.

엔트로피는 시스템의 무질서 또는 무작위성 정도를 말한다.
열역학의 두 번째 법칙은 엔트로피는 시간이 흐르면서 증가한
다는 것이다. 이는 안정적 상태를 유지하기 위한 에너지 투입이

없을 때 시간이 지남에 따라 시스템이 불안정해지는 것을 의미한다.

우리의 인간관계도 매일의 상호작용에서 생기는 불편함 때문에 불안정해질 수 있다. 우리는 내면에 무언가가 쌓이게 둔다. 침실의 책이나 옷가지처럼 내면의 혼돈을 만들면서 점점 더 많은 감정과 반응을 저장한다. 그렇게 마음속에 원망과 짜증을 품고 있다가 어느 날 폭발한다. 그러지 않으려면 무언가를 해야 한다. 관계 안정을 위해 개입하고, 결점 혹은 차이점을 다듬어 마음속에 무언가를 영원히 품거나 담아두지 않아야 한다.

여기서 필요한 개입은 무엇일까? 관계 안정을 위해 끊임없이 외부에서 개입해야 하는 것일까? 우리가 실수할 때마다 매번 타인을 달래기 위해 아이스크림과 사탕을 주어야 할까? 이는 관계 유지를 위한 지속적인 투자를 의미한다. 싸움이나 다툼이 있을 때마다 계속 개입해야 한다면 매번 더 크게 개입해야 할 것이다. 동시에 어떤 대가를 치르더라도 서로 사랑하는 것은 우리의 의무다. 그 과정 중에 우리는 상처받을 수도 있고 많은 에너지도 투자해야겠지만, 여기에 준비되어 있으면 관계는 개선할 수 있다.

이것은 일상에서 어떻게 작용할까? 가족끼리 서로를 인내해야 한다면 꾸준한 개입이 필요하다는 것을 의미하며 이는 이상적이지 않다. 사실 이것은 비록 함께할지라도 사랑하는 가족이 아님을 의미한다. 이런 가족을 서로를 사랑하고 수용하는 가족, 관계를 개선하기 위해 아이스크림을 주거나 멋진 곳으로 휴가를 가지 않아도 괜찮은 가족, 서로를 사랑으로 받아들이는 것을 당연시하는 가족과 비교해보자. 관계 안정을 위한 개입은 우리 가슴속에 있는 사랑이다. 사랑이 있으면 더 많이 수용한다. 여기서 수용은 참는 것을 의미하지 않는다. 인내는 미덕일 수 있지만 어떤 사람의 실수를 참아야 한다면 이는 사랑에서 오는 수용과 같은 수준이 아니다. 사랑은 모든 것을 원활하게 한다. 사랑은 어디서 오는 것일까? 진실한 가슴, 순수한 가슴에서 온다. 불신은 관계를 망치지만 사랑, 수용, 순수함이 있으면 희생은 자연스럽고 우리는 모든 것을 내려놓을 수 있다.

엔트로피 법칙은 관계에서 사랑의 중요성을 이해하는 데 도움을 준다. 우리가 꾸준히 사랑하는 상태로 존재하면 개입할 필요성이 사라진다. 개입은 전혀 필요치 않다. 개입이 전혀 필요치 않다는 것은 가장 안정적인 관계, 가장 안정적인 가족을 의미한다. 사랑이 있으면 설명이 필요 없기에 아무것도 설명할 필요가 없다.

진정한 사랑이 있으면 어떤 일이 일어날까? 사랑하기 시작하면 두 사람의 가슴은 확장된다. 서로의 모든 것을 포용한다. 상대의 실수조차 사랑스러워 싸우지 않는다. 그 뒤 다음 단계가 온다. 진정한 사랑을 시작하면 점차 자기가 사라진다. 당신은 상대와 합일하기 시작하며 상대를 행복하게 만들 수 있다면 무엇이든 하고 싶어진다. 이럴 때 당신은 자신을 걱정하지 않는다.

그러면 사랑으로 한 결혼은 왜 실패할까? 주고받기가 동등하지 않아서다. 이제 정도가 달라지고 '이렇게 하지 말았어야 했어'라고 판단하거나 생각하기 시작한다. 당신은 자기 자신을 완전히 잃고 싶지 않아 물러서기 시작한다. 겁이 나고 에고에서 두려움이 올라온다. 점차 자신을 기억하고 관계는 엉망이 되어간다. 당신은 전에 인식하지 못하던 자신의 필요를 인식한다. 이전에 당신은 상대를 위해 무엇이든 하길 원했다. 이제 '나한테 무슨 일이 벌어진 거지? 난 훌륭한 의사였는데, 지금은 내가 너무 많은 걸 희생하고 있잖아'라고 깨닫는다. 그리고 관계는 실패한다. '내가 희생했어'라는 생각이 떠오른 순간, 러브스토리는 끝난다.

사랑에 빠졌을 때 우리 자신은 전혀 생각하면 안 되는 걸까? 물론 사랑에 빠졌어도 우리는 여전히 자신의 지속적 발전에 집중해야 한다.

이는 단지 교훈을 주는 이야기일 뿐이다. 타인에게 화를 내거나 상대를 위해 얼마나 희생하고 있는지 알아채는 자신을 발견한다면, 당신의 에고가 고개 들고 있음을 알아차려야 한다. 반면 개인의 지속적 발전은 본질상 이기적인 것이 아니라 자기중심 반응에서 벗어나 개인 욕망에 덜 신경 쓰고 더 수용적으로 되어 가는, 즉 점진적으로 발전하는 과정이다. 이는 실제로 우리가 타인과 공명하고 사랑하는 상태에 있도록 돕는다. 당신이 매일의 활동이나 생각과 관련해 이를 심사숙고한다면 보다 명확해질 것이다.

수용

많은 젊은이가 내게 "인생의 반려자를 선택할 때 가장 중요한 요인은 무엇인가요?"라고 묻는다.

나는 그저 "당신 가슴을 사용하세요. 지금까지 내가 보아온 것, 짧지만 살아온 인생에 비춰보면 너무 많은 기대를 하지 말라고 말하고 싶습니다"라고 말할 뿐이다.

인생에서 가장 중요한 것은 수용이다. 그 어떤 상황, 사업 결과, 배우자를 만나든 수용하는 기술을 배우면 수용이 성공하게 만든다. 박테리아도 적대적 환경에서 살아남기 위해 돌연변이를 일으키는데 우리가 왜 못하겠는가? 지나치게 흔들리지 않고 상황에 끊임없이 적응하는 방법을 배워야 한다. 완전한 인간은 없다. 우리는 불완전성으로 서로 충돌하고 있다. 완벽을 추구한다면 먼저 자신에게 질문해야 한다. 나는 완벽한가?

많은 사람이 올바른 배우자를 결정하는 데 점성술이 중요한지 알고 싶어 한다. 이 질문에 가장 좋은 답을 하기 위해《라마야나Ramayana》의 주 라마 이야기를 예로 들고자 한다.

모든 성자가 라마와 시타가 결혼하는 날짜를 잡기 위해 여러 번에 걸쳐 점을 보았다. 그렇지만 라마는 14년간 아내와 고군분투해야 했고 아내가 어려운 시험에 들게 했다. 시타는 라바나에게 납치된 뒤 불의 시련을 감내해야 했다. 어떻게 이런 남편이 있을 수 있을까?

시타는 모든 것을 용감하게 겪어냈다. 스와미 비베카난다가 말했듯 이 세상에 시타 같은 여성은 없었으며 앞으로도 없을 것이다. 가장 정숙하고 순결한 여성마저 평범한 남성이 아닌 신의 화신에게 의심받았다. 그러니 너무 많은 기대를 하지 않는 것이 좋다. 삶이 던져준 것을 수용할 수 있을 때 우리는 행복하게 나아갈 수 있다. 우리는 이전의 삼스카라가 언제 나타날지, 지금 어떤 삼스카라를 새로 형성하고 있는지 모르기에 가장 완벽한 커플조차 재앙이 될 수 있다.

삶에 보이는 우리의 반응은 매우 복잡하며, 다음 두 가지 질문을 자신에게 던질 때 좀 더 명확해진다. 나는 내 단점을 얼마나 잘 받아들이는가? 나는 타인의 단점과 나를 둘러싼 환경의 단점을 얼마나 잘 받아들이는가? 우리의 반응을 깊이 숙고하자. 계속해서 모든 것을 수용한다면 완벽을 향한 지속적인 진보가 무슨 의미가 있을까? '나는 내 불완전함을 받아들인다. 나는 행복하고 평화롭다. 나는 변할 필요가 없다.' 이런 종류의 수용이 유용할까?

귀가 후 아내에게 달려가 "오늘 저녁에 엄마 아빠가 오신대"라고 말하는 남편에 관한 농담을 들어본 적 있을 것이다. 남편은 크게 기뻐하며 아내에게 소식을 전하지만 아내는 투덜대기 시작한다. "또! 부모님이 왜 이렇게 자주 오세요?" 남편은 입을 다문다. 이윽고 저녁이 되어 초인종이 울리고 아내는 문밖에 친정 부모님이 서 있는 것을 발견한다. 아내는 무척 행복해한다. 여기서 수용은 어디로 갔을까?

우리는 어떤 상황은 크게 기뻐하며 받아들이고 또 어떤 상황에는 혐오감을 느낀다. 우리 가슴이 좁아질 때 수용은 작별을 고한다. 우리는 자신과 특성이 같을 때 그 사람과 특성을 쉽게 받아들인다. 우리와 특성이 다르면 얘기가 달라진다. 그러나 영성은 다르다. 다음을 생각해보기 바란다. 당신 가정, 사업, 직장의 어떤 상황에서 일정 수준의 수용을 요구할 때마다 당신이 얼마나 받아들일 수 있는지 보라. 계속 생각해보자.

습관적으로 수용하거나 강제로 수용한다면 우리는 정교한 방식으로 또 다른 의식을 행하는 셈이다. 가령 '이것을 받아들여야 해. 그렇지 않으면 하트풀니스 철학에 어긋날 거야'라는 생각은 특히 가슴에 다른 마음을 품고 있다면 유용하지 않다. 삶에서 접하는 상황들을 완전한 명료함과 온전한 자각으로 수용해야 한다. 타인이 그렇게 하라고 해서 무언가를 맹목적으로 받아들이는 것은 의미가 없다. 이는 진정한 수용이 아니다.

수용과 관련해 내 개인 경험을 나누고자 한다. 그 일은 1983년 바부지가 사망한 뒤 일어났다. 바부지는 4월 19일에 사망했는데, 18일 어느 시점에 뉴욕의 약국에서 일하고 있을 때 온몸의 기운이 빠져나가는 느낌이 들었다. 내 에너지가 빠져나가고 있었다. 그날 더 이상 일할 수 없었기에 상사에게 조퇴하겠다고 말했다.

한밤중에 남아프리카에 있는 가족 친구에게 전화가 왔고 "아, 우리 바부지께서 돌아가셨어"라는 소식을 들었다.

이틀 뒤 나는 샤자한푸르행 비행기를 탔고, 도착했을 때 바부지의 육신은 이미 화장한 뒤였다. 그래도 나는 바부지의 성스러운 유골을 모아 유골함에 담고 그의 오두막에 보관할 수 있었다.

당시 차리지를 바부지의 후계자로 발표했지만 내 가슴은 '누가 저렇게 훌륭한 인물의 뒤를 이을 수 있을까?'라고 느꼈다. '차리지가 편하게 승계하도록 둘 수 없어. 조치를 취해야겠어'라고 결심했다.

나는 그런 마음으로 앰배서더(인도의 유명한 자동차 모델-옮긴이 주)를 빌려 다른 세 명과 함께 파테가르로 향했다. 그곳으로 가라라지를 향한 존경심을 표하고 무슨 일이 있어도 차리지가 인도자를 계승하도록 내버려두지 않겠다고 맹세했다.

우리가 모든 일을 격렬하게 논의하며 길을 가던 중 아무 이유 없이 차가 옆으로 넘어져 도랑에 빠졌다. 다행히 마른 도랑이라 지역 주민들의 도움을 받아 차를 다시 똑바로 세워 도로 위로 들어 올렸다. 그러나 차를 운전할 수 없어서 버스를 타고 샤자한푸르로 돌아갔다. 이 일은 내게 충격을 주었다. '내 생각에 뭔가 문제가 있는 게 틀림없어. 진정해! 지나치게 감정에 휩쓸려서는 안 돼. 기도하자.'

나는 바부지께 기도하기 시작했고 여러 차례 꿈을 꾸고 나서 차리지가 바부지의 후계자임을 깨달았다. 그런데 그 꿈들은 내가 계승자 결정에 반대도 찬성도 하지 않는 중립적인 순간에만 나타났다. 나는 수용하지도 거부하지도 않는 것이 다음 단계로 나아가는 전제조건이라고 생각했다. 그렇게 나는 중립적인 중간 지점에 도달했다.

이것은 모든 상황에서 좋은 첫걸음이다. 중간 지점에 도달해야 해결 가능성이 있다. 누구도 바부지를 대신할 수 없다는 신념을 계속 붙들고 있었다면 나는 실패했을 것이다. 다행히 내가 중간 지점에 도달함으로써 더 높은 힘이 내게 작용해 올바로 인도될 가능성이 있었다.

수용의 첫 번째 단계는 중립적인 중간 지점에 도달하기 위해 그럴 가능성과 그렇지 않을 가능성을 모두 내려놓는 것이다.

자연이나 신, 당신 인도자의 안내를 원할 때마다 자신이 중립 지점에 도달하도록 허용한 다음 어떻게 올바른 방향으로 이끌리는지 확인해보자.

중립에 도달하면 짐을 내려놓은 것과 같다. 가정생활에서든 사업에서든 최종 결정을 내리기 전에 중립 지점에 도달해 받아들일지 거부할지 생각하라. 중립에 도달하면 편견과 선입견을 내려놓게 된다. 편견은 일방적 결정을 내리게 하지만 중립적일 때는 명확한 시각으로 바라볼 수 있다. 중립을 지키면 자신감이 생긴다. 방향이 맞으면 가슴은 더 가벼움을 느낀다. 아래에 수용과 관련해 심사숙고해볼 만한 두 가지 질문이 있다.

1. 기대와 희망의 차이점은 무엇인가?
2. 어떻게 하면 수용과 책임의 균형을 맞출 수 있을까? 다시 말해 어떨 때 수용하는 것이 무책임한 게 될까? 이를 생각해보자.

집단적 운명

내 젊은 동료들은 사회 변화에 무척 이상적이고 열정적이다. 이들은 간혹 우리가 자기계발에 너무 집중하기보다 국가 건설과 사회 복지에 더 많이 기여해야 하지 않느냐고 묻는다. 우리가 뉴욕시의 모든 사람을 변화시키길 원하고 그럴 능력이 있지만, 정작 우리는 변하지 않는다고 해보자. 그게 어떻게 가능하겠는가? 관대한 마음은 가정에서, 우리 자신에게서 시작되며 우리가 준비를 갖추면 그제야 타인을 도울 수 있다. 다른 사람에게 몇십만 달러를 주려면 우리에게는 100만 달러가 필요하다.

돈이 없으면서 여전히 타인에게 100만 달러를 주고 싶어 한다면 이는 허풍이다. 우리는 타인의 돈을 빼앗아 또 다른 사람에게 주게 될 것이다.

마찬가지로 우리에게 마음의 평화가 없다면 어떻게 타인에게 평화를 가져다줄 수 있겠는가? 교실에 들어가는 순간 소란스럽게 만드는 교사가 있는가 하면, 우리에게 영감을 주어 주변에 있고 싶은 교사도 있다. 또한 사람 자체가 좋아서 함께 어울리고 싶은 친구도 있다.

우리는 완벽을 향해 나아가고 있다. 어떤 완벽함을 말하는 것일까? 외모나 외적인 문제가 아니다. 우리의 내적 균형, 내면의 완벽한 성격과 매너를 말한다. 1957년 바부지는 어떻게 하면 세상에 평화를 가져올지에 관해 유엔에 편지를 보냈다. 이 편지에서 그는 온 우주를 고양하는 한 가지 방법을 강조했다. 바부지는 모든 이들이 '세상 모든 사람이 사랑과 경건함으로 평화를 길러나가고 있다'라고 생각하며 매일 일정한 시간에 앉아있길 제안했다. 우리가 진보하면서 우리의 균형 잡힌 상태, 내면 상태는 주변 환경을 넘어 영향을 미친다. 그 영향력은 은하계 규모에 달한다.

그렇다면 세상을 바꾸기 위해 우리는 무엇을 할 수 있을까? 우선 적어도 세상을 더 나쁘게 만들지는 말아야 한다. 우리가 정화 수행을 하면 우리 자신의 인상을 제거하는 동시에 집안의 화목, 주변 이웃의 화목 그리고 궁극적으로 전체 네트워크의 조화에 기여한다. 많은 사람이 아침 일찍 일어나 명상했을 때는 아이들이 행복하게 웃으면서 깨어나지만, 명상을 건너뛴 날에는 아이들이 다른 영향을 받는 것을 경험한 적 있을 것이다.

우리의 명상은 분명하고 즉각 영향력을 발휘해 주변 환경의 진동 수준에 변화를 일으키며 순수한 아이들은 그 변화에 매우 민감하다. '좋은' 진동에 익숙한 아이들은 좋은 진동이 없을 때 그 진동을 그리워한다.

이제 우리의 주변 분위기에 미치는 사고의 영향력을 생각해 보자. 교도소 안의 분위기는 어떨까? 교도소 분위기는 수감자들의 집단적 사고 패턴이 형성한다. 병원 분위기는 어떨까? 병원 분위기는 모든 환자와 그들을 사랑하는 사람들의 마음과 의식 상태가 만든다. 어떤 집단이 만들어낸 집단적 염체 또는 진동을 '에그레고어'라고 부른다. 교회, 절, 명상홀의 에그레고어는 경건하다. 그곳에 있는 사람들이 명상이나 기도 대신 자기 문제와 걱정거리를 생각하지 않는다면 말이다. 모든 장소에는 각기 다른 진동이 있으며 우리는 집단적 사고 패턴으로 분위기를 만든다.

가령 행복한 당신이 그 행복감을 그래프로 그리려 한다면 아마 파도 패턴 같을 것이다. 또한 당신이 행복한 다른 사람과 함께하면 그들이 만드는 파도 패턴이 당신 것과 합쳐져 강한 효과를 일으킨다. 행복한 파도 패턴이 많이 모일수록 그래프 곡선은 더 높아진다. 이것이 비슷한 느낌과 생각 패턴인 에그레고어를 형성하는 방법이다.

우리는 보통 우리가 어떻게 에그레고어를 적극 만드는지 의식하지 못한다. 우리가 만드는 집단적 사고 에너지 덕분에 우리가 노력하지 않아도 그 일이 일어나기 때문이다. 우리는 이런 방식으로 외부 환경을 변화시킨다. 자동으로 일어나는 것이다. 장미가 있는 곳에는 향기도 따라온다. 우리가 어딜 가든 우리가 지닌 것은 우리와 함께 간다. 내가 어리석으면 그 어리석음은 나와 함께 갈 것이다. 내가 농담을 잘하면 그 습관이 내 주변을 따라

다니고 사람들은 나를 비웃을 것이다. 이것이 우리가 지닌 특질이 외부 환경에 미치는 영향이다.

우리가 함께 의식을 정화해 깨달은 에그레고어를 형성하는데 기여하면 무엇을 할 수 있을지 상상해보자! 우리는 지적, 윤리적, 영적으로 모두 연결되어 있다. 범죄자들조차 놀라울 정도로 잘 연결되어 있다. 아삼Assam(홍차로 유명한 인도 북동부 지역 - 옮긴이 주) 암거래상은 창고에 차를 얼마나 저장해야 하는지 알고있고, 이 정보를 남인도나 두바이에 있는 누군가에게 넘기며 거래한다. 이들은 이윤을 위해 연결되어 있다. 테러 조직 조직원도 잘 연결되어 있다. 마피아 조직원은 서로를 깊이 존중해 데이터를 공유한다. "이 노동조합과 계약했소. 이 부서로 가서 거래를 마무리하시오. 그게 당신 역할이오."

영적인 사람들은 어떠한가? 우리는 잘 연결되어 서로를 지지하고 있는가? 이를 위해 우리가 반드시 적극 개입할 필요는 없다. 과정에 간섭하지 말고 일이 그냥 일어나도록 그대로 두어야한다. 일단 우리 자신을 정화하기 시작하면 연결은 저절로 일어난다. 그러면 우리가 자신 안에 만든 것이 집단적 느낌과 합쳐지는 것을 느끼고, 우리는 전체 조직의 일부가 된다.

이것이 바부지가 에그레고어의 진동을 높이도록 우리를 초대한 이유다. 어떻게 할 수 있을까? 수행으로 우리 자신을 정화하면 된다. 우리가 자신을 정화할 때 인류에게 변화를 일으킬 변형을 준비할 수 있으며 이는 다시 다음 세대에게 전달된다. 이 변화는 진동 수준에서 준비한다. 우리는 자신을 정화한 만큼 인류의 미래 과정에 기여할 것이다.

우리의 내적 준비는 미래에 큰 영향과 울림을 준다. 그 영향은 우리가 준비한 에그레고어와 장field이 준다. 우리가 어디에 있든, 함께든 홀로든, 규칙적으로 잘 명상하면 그 영향력은 우리 주변 환경을 넘어 온 인류를 도울 것이다.

우리 힘은 신성한 힘에 못지않다. 우리 마음의 뿌리에서는 창조 당시 일어난 본래의 움직임이 여전히 작동하고 있기 때문이다. 예를 들어 마하바라타 전쟁 시작 바로 전, 주 크리슈나가 두르요다나에게 다가갔을 때 주 크리슈나는 전쟁을 일으키려는 계획을 실행하지 말라고 그를 설득하려 했다. 두르요다나가 말했다.

"크리슈나, 당신이 누구신지 압니다. 당신의 능력도 잘 압니다. 어쩌면 실패할 수 있다는 것 또한 압니다. 무엇이 좋은지 알고 있습니다."

그는 계속 말을 이었다.

"제 의무가 무엇인지 알고 제가 무엇을 해야 하는지도 압니다. 하지만 그렇게 할 수 없습니다. 제가 무엇을 하면 안 되는지도 압니다만, 그만둘 수 없습니다."

　때로 우리는 두르요다나와 같다. 무엇이 옳은지 알면서 자신이 무기력하다고 확신한다. "이건 못해. 무엇이 옳은지 알지만 할 수 없어." "하면 안 된다는 걸 알지만 결국 그걸 하게 되네." 트랜스미션 능력이 탁월한 인도자에게 기도를 드려도 효과가 없다. 이유가 무엇일까? 우리 스스로 막기 때문이다. 사고의 힘은 아주 강력해서 위대한 인도자조차 우리를 변화시키려는 노력에 실패한다. 변화를 원치 않는데 바뀔 수 있는 사람은 없다. 이 과정에 즐거운 마음으로 기꺼이 참여해야 한다. 그리고 마음속 깊이 알아야 한다. 진정 변화를 원하는가? 우리는 변화를 원해야 한다.

4
운명, 자유의지와 선택의 자유

지금까지 우리는 하트풀니스 수행
그리고 그 수행과 함께하는 생활양식을 탐색했다.
마지막 장에서 우리는 수행과 생활양식이
어떻게 우리 운명을 만드는지 살펴본다.
책의 한 장章을 할애에 설명하기에는 그 철학이
광범위하므로 여기서는 개관만 소개한다.
그 밖에 많은 개념은 이후 나올 책에서
더 자세히 다룰 것이다.

12. 운명

1982년 바부지는 동료들에게 아름다운 메시지 하나를 보냈다. [2]
사실 이 책은 그 메시지에서 영감을 받았다.

우리는 모두 지적, 윤리적, 영적으로 연결된 형제이며 이는
인간 삶의 주요 목표입니다. 이제 분별과 편 가르기는 사라
졌습니다. 신과 함께 존재의 영적 운명을 엮어주는 그분의
모든 일과 환경에는 순수함만 남아있습니다.

그는 삶의 목표를 암시한다. 바로 우리의 영적 연결이다. '분

---

2   Ram Chandra, 2009, *Complete Works of Ram Chandra*, vol. 3.
Shri Ram Chandra Mission, India.

별과 편 가르기'란 이원성, 물질적 존재의 대립성(좋고 나쁨, 옳고 그름, 어둠과 빛 등)을 일컫는다. 궁극적으로 우리는 대립성을 넘어선다. 우리가 가슴 영역을 넘어 순수함이 좀 더 자주 보이기 시작하는 마음 영역으로 들어갈 때, 세속적 존재의 이원성을 초월한다.

바부지는 그의 책에서 마음의 세 가지 광범위한 영역을 설명했다. 가슴 영역Heart Region, 마음 영역Mind Region, 중심 영역 Central Region[3]이 그것이다.

마음 영역 안에는 주요 영역 5개가 있다. 그것은 우주적 영역 Cosmic Region, 초우주적 영역Supra-Cosmic Region, 내려놓음 영역Region of Surrender, 내려놓음과 하나됨 사이의 전환 영역 Region of Transition Between Surrender and Oneness, 신과 하나됨 영역Region of Oneness with God을 말한다. 그러므로 총 7개 영역이 있다. 각 영역을 제대로 설명하는 것은 이 책의 범위를 넘어서므로, 여기서는 가슴 영역이 물리적 세계에서 우리의 물질적 존재와 의식 영역을 포함한다는 것까지만 이야기하겠다. 마음 영역은 의식을 뒷받침하는 잠재성potentiality 영역으로, 물질

---

3 Ram Chandra, 2015, *Complete Works of Ram Chandra*, vol. 1. Shri Ram Chandra Mission, India.

이 물질세계에 나타나기 전 상태다. 중심 영역은 모든 원자의 중심, 우리 존재의 중심에 존재하는 진공 혹은 '무' 영역으로 우리의 전 존재를 지탱하고 있다. 물리학에서 물질 대 에너지 대 공간을 생각하면 이 세 가지 존재 상태의 아이디어를 얻을 수 있을 것이다. 물질은 가장 무겁고, 에너지는 더 가벼우며, 공간은 이 셋 중 가장 미묘하다.

이 세 가지 영역 설명은 그 자체로 하나의 철학이며, 바부지의 책《라자 요가의 효능Efficacy of Raja Yoga》[4]에서 살펴볼 수 있다. 그러나 지금 우리의 목적인 운명이라는 관점에서는 인간으로서 우리가 이 세 가지 영역으로 만들어졌음을 아는 게 중요하다. 또한 우리에게는 이 세 가지 모두를 깨달을 잠재력이 있다. 우리 운명은 결코 존재의 물질계에만 묶여있는 게 아니다. 사실 우리 운명은 세 가지 영역 모두에 크게 의존하고 있고, 하트풀니스 수행은 우리를 이 세 가지 영역 모두에 걸친 여정으로 이끌도록 만들어졌다.

영적 수행으로 진화하면 우리는 삶이 끝날 때까지 물질세계에서 삶을 지속하는 한편, 우리 존재의 두 가지 영역에서도 능력을

---

4   Ram Chandra, 2014, *Efficacy of Raja Yoga in the Light of Sahaj Marg*, Shri Ram Chandra Mission, India.

7개 영역

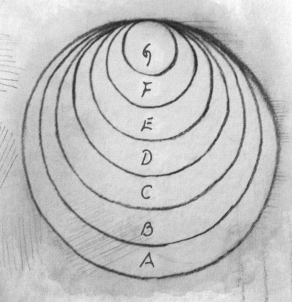

A – 가슴 영역

B – 브라만드 만달, 우주적 영역

C – 파라-브라만드 만달, 초우주적 영역

D – 프라판나, 내려놓음(복종) 영역

E – 프라판나-프라부, 진동 영역

F – 프라부, 신과 하나됨 영역

G – 중심 영역

발전시킨다. 우리는 미묘체와 인과체를 돌보기 때문에 물질 영역이 아닌 다른 차원(우주 영역과 그 너머)으로 날아오를 수 있다.

간단한 실험을 하나 해보자. 우선 지름 2.5센티미터의 100cc 유리 실린더에 흙탕물을 채운다. 흙이 천천히 가라앉게 두면 시간이 지나 밀도가 큰 물질은 밑바닥으로 가고 일부 부유물을 제외한 더 깨끗한 물은 위에 남는 것을 볼 수 있다. 인상도 우리의 물질 존재 안에 형성되기에 삼스카라인 '흙'은 대부분 가슴 영역에 있다. 우리가 그 물질 영역의 한계를 넘어 확장하면 더 많은 순수함을 발견할 수 있다.

우리가 더 높이 솟아올라 확장하고 다듬은 의식으로 여행하면 우리 운명을 신과 함께 만드는 순수함을 더 많이 경험한다. 인간 수준에서 우리 목표는 그 연결성을 확립하는 일이다. 우리가 연결성을 확립하면 신성을 맛보고, 앞서 생활양식 장(章)에서 자세히 논한 것처럼 우리의 생활양식을 더 정화한 수준의 미묘함에 걸맞게 만들기 시작한다.

신과 함께하는 이러한 운명은 무엇일까? 이는 단지 우리가 일상을 살아가는 물리적 세계에서의 운명만 일컫는 게 아니다. 우리는 세속적 관점에서 좋은 삶을 원한다. 행복한 가족, 아름다운 집, 물질적 풍요, 성공적인 직업, 인류에 유익하게 기여하는 것 등이 그것이다. 이 모든 것은 중요하지만 이는 물질세계에서의 성장과 관련된 것일 뿐, 죽은 뒤 내세 혹은 다른 차원으로는 가져갈 수 없다.

신과의 운명을 실현하려면 내세로 가는 여정을 준비할 내면의 자질을 계발하는 데도 주의를 기울여야 한다. 우리의 인과체와 미묘체는 육체를 떠난 뒤 다른 차원으로 이어지기 때문이다. 그 준비는 노년기나 죽음의 순간에만 일어나지 않는다. 세속적 삶과 병행해 인생 전반에 걸쳐 점진적으로 준비한다.

바부지는 그의 메시지에서 '엮는다weaving'라는 아름다운 단어를 사용했다. 엮는다는 것은 실 가닥 가닥을 짜 천을 만든다는 걸 의미한다. 바부지는 각기 다른 요소가 함께 모인다는 것을 말하고 있으며, 많은 영적 전통과 종교 용어로 이는 '융합' 혹은 '라야 아바스타laya avastha'라고 일컫는다. 이는 책 앞부분에서 말한 '삼투'를 설명하는 다른 방법이다.

우리의 더 높은 영적 운명은 모두 미묘체 정화와 관련이 있다. 우리는 미묘체를 둘러싼 겹겹의 인상을 제거해 근원과 합쳐질 수 있다(수행 장의 하트풀니스 정화 부분에서 설명하고 있다). 이러한 인상 층은 껍질을 형성하는데 이는 물 위의 기름막에 비유할 수 있다. 물방울에 기름막이 씌워지면 대양과 합칠 수 없다. 물과 기름은 서로 섞이지 않기 때문이다. 기름막이 있는 물방울은 수천 년 동안 대양 표면에서 부유하게 된다. 우리는 평생 신을 기억할 수 있지만 삼스카라의 기름막이 남아있으면 신과 절대 합일하지 못할 것이다. 이런 이유로 우리는 목적지에 다다르기 위해 삼스카라 층을 계속해서 제거해야 한다.

13. 경험의 의미

가슴 영역, 마음 영역, 중심 영역을 지나는 여정은 13개 지점 혹은 차크라를 건너 우리를 다음으로 안내한다.

- 가슴속 더 깊은 수준으로
- 의식의 전 스펙트럼을 가로질러
- 의식을 넘어 잠재성으로, 절대적 무無로

'의식, 잠재성, 무'를 이해하는 가장 단순한 방법은 이것을 몸 · 마음 · 영혼과 연관 짓는 것이다. 의식은 우리의 물리적 존재, 즉 가슴 영역과 관련이 있다. 잠재성은 마음 영역과, 무는 인과체 · 영혼 · 중심 영역과 관련이 있다. 의식은 잠재성에서 나타나고 잠재성은 무에서 나타난다. 절대적 무가 신의 궁극적 영역이지만 신은 편재하므로 이 세 가지 모두에 존재한다.

실제로 이 여정은 절대 끝나지 않으며 각 지점은 그 자체로 무한한 우주다. 이는 경험으로 알 수 있다.

첫 번째 지점, 두 번째 지점 그리고 계속 이어 열세 번째 지점에 이르기까지 그 각각은 모두 무한하게 확장한다. 우리는 가슴의 첫 번째 지점에서만 무한하게 삶과 삶을 연결해 명상을 이어갈 수 있다. 이는 수평적 성장이다. 우리의 영적 여정에는 다른 종류의 성장도 있는데 이를 수직적 성장이라 한다.

첫 번째 지점에서 어느 정도 확장한 뒤 우리는 두 번째 지점으로 이동한다. 그곳에도 무한함이 있다. 우리는 두 번째 지점의 무한한 잠재성에서 쉽게 길을 잃지만, 역량 있는 인도자는 우리를 다음 수준인 세 번째 지점으로 밀어붙인다. 이런 식으로 열세 번째 지점에 도달할 때까지 계속 이어진다.

언젠가 어떤 사람이 바부지에게 "제게 신을 보여주시거나 아니면 적어도 신이 어떤 존재인지, 본래 상태가 무엇인지 말해주실 수 있나요?"라고 질문한 적이 있다.

당시 차리지는 바부지와 함께 있었는데 '이 어르신께서 오늘 곤란하시겠구나. 뭐라고 대답하실까?'라고 생각했다.

바부지는 "제가 당신에게 신을 보여준다면, 그분이 신이라는 것을 당신이 어떻게 알 수 있을까요?"라고 말했다.

이것은 '어떻게 경험할 수 있는가'의 문제다. 그 대답은 무엇을 받든 마음을 여는 데 있다.

13개 차크라

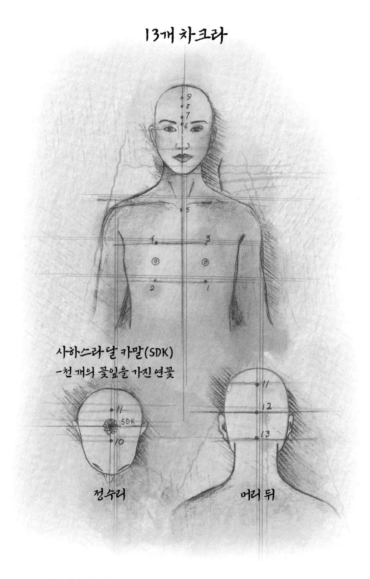

사하스라라 달 카말(SDK)
－천 개의 꽃잎을 가진 연꽃

정수리   머리 뒤

어떻게 마음을 열 수 있을까? 철저히 정화한다. 그리고 트랜스미션을 받도록 의식을 확장한다.

트랜스미션을 받기 위해 무엇을 할 수 있을까? 가장 좋은 방법은 명상하는 것이다. 명상으로 조금씩 자신을 준비시킨다. 그과정에서 우리는 어떤 상태를 경험한다.

이런 것을 경험하면서 당신 역시 어떤 존재가 된다. 경험하는 것만으로는 충분치 않다. 당신도 변해서 어떤 존재가 되어야 한다. 이것이 당신 운명을 디자인하는 과정이다.

우리가 하트풀니스에서 아무것도 경험하지 못했다고 해보자. 우리가 명상을 지속할 수 있을까? 아마 아닐 것이다. 그럼 이러한 경험은 우리가 지속하도록 주어지는 당근에 불과한 것일까? 아니다. 경험에는 또 다른 목적이 있다. 우리가 단번에 영성 혹은 무한함의 전체를 경험한다면 누구도 다음 순간까지 살아남지 못할 것이다.

이는 헬스장에 갔는데 천 킬로그램짜리 역기를 들어 올리라고 요구받은 것과 같다. 들 수 있겠는가? 누군가가 당신이 천 킬로그램짜리 역기를 들도록 도와주었다가 그걸 들고 있는 상태에서 당신을 홀로 두고 갔다고 상상해보라. 그것은 인도자가 넓은 아량으로 우리에게 단번에 엄청난 경험을 주었을 때 일어나는 일과 같다. 우리는 살아남지 못할 것이다.

그래서 5킬로그램, 10킬로그램, 15킬로그램으로 무게를 늘려가며 단련한다. 우리는 천천히 육체적 스트레스를 견뎌나간다. 같은 방식으로 우리는 경험을 쌓아 내면의 궁극적 평화와 마주하기 시작한다.

일부 명상가가 명상할 때 곤장 잠자는 것처럼 몰입해 사마디 상태에 가거나 심지어 코를 고는 것을 본 적 있을 것이다. 이는 어떤 면에서 의식이 약하다는 것을 나타낸다. 마약 사용자가 처음 약물 복용 후에는 밤새 쓰러져 있었지만, 얼마간 시간이 지나서는 5배를 복용하고도 일어나 수업에 참석하거나 사무실에 갔다는 이야기를 들어봤으리라. 나는 약국을 경영하면서 이런 경우를 보았다. 디아제팜이라는 수면제가 있다. 이걸 2.5mg 복용하면 일어서 있지 못하고 잠이 든다. 그런데 나는 20mg을 복용하고도 계속 일하는 약사 한 명을 알고 있었다. 그는 디아제팜에 중독되었고 그의 신체 시스템은 그 약물에 익숙해졌다.

이렇듯 우리가 엄청난 순수함, 성스러움, 단순함, 신성함으로 하루아침에 고도로 진화한 존재가 될 필요는 없다. 우리는 우리 의식을 천천히 확장하길 원한다. 우리는 먼 거리를 한 걸음씩 걸어 우리가 여행하는 새로운 환경에 적응할 수 있을 것이다.

초반에 우리는 많은 경험을 한다. 우리는 하트풀니스 트레이너와 함께하는 명상 세션 동안 심오한 것을 경험하며, 그것이 무척 놀라워 우리가 느끼는 가벼움에 감동받는다.

명상 동안 아무것도 느끼지 못해도 명상 후 효과는 경험이 펼쳐지면서 우리를 놀라게 한다. 사실 명상 상태가 우리 시스템에 흡수되므로 우리는 세션 때보다 이후 더 많은 것을 느낀다. 그 뒤 점차 더 발전하면서 우리는 여전히 경험을 하지만 그것은 성격이 다른 경험이다. 그러한 경험은 본질상 영적이기에 그다지 극적이거나 인상적이지 않다. 우리가 더 높이 올라갈수록 경험은 점점 줄어들고 중심 영역에 이르면 아무런 경험도 하지 않는다. 극도로 미세하고 특성이 없어서 마치 사막의 황무지 같다.

그 상태에 이르렀을 때 바부지는 라라지에게 "이제 무얼 해야 합니까? 처음이 훨씬 좋았습니다. 아무 느낌이 없어요. 이 상태에선 어떤 즐거움도 없습니다"라고 불평했다.

그러자 라라지가 "당신이 이 상태를 좋아하지 않으니 제가 이 상태를 제거해야 할까요?" 하고 물었다.

바부지는 "아닙니다, 스승님. 그렇게 하지 마십시오. 그리하시면 저는 죽습니다. 전 살아남을 수 없을 것입니다"라고 말했다.

그 상태에는 어떤 아름다움도 매력도 없지만 당신은 그것 없이 더 이상 존재할 수 없다. 이것이 우리가 추구하는 목표다. 의식을 가장 높은 상태까지 정화하는 것 말이다.

14. 진화

진화는 내가 가장 좋아하는 주제다. 육체, 미묘체, 인과체라는 인간의 세 가지 몸을 포함하면 진화는 대다수가 생각하는 것보다 훨씬 더 큰 주제다. 우리는 정말로 진화의 무엇을 이해하는가? 주변 사람들에게 진화를 물으면 대부분 변화에 관한 것이라고 말할 것이다. 하지만 인간 진화에서 진화하는 것은 무엇이고, 운명과 진화는 어떻게 얽혀있을까?

익숙한 것부터 시작해보자. 우리는 학교에서 생물학적 진화를 배웠다. 그것은 형태 변화, 세포 변화 그리고 유전적 변화에 관한 이론이다. 최근에 이뤄진 후성유전학 연구 덕분에 과학자들은 우리의 생각과 감정이 유전적 적응과 진화에 영향을 미친다는 것을 수용하기 시작했다.

예를 들어 후성유전학의 선구자 중 하나인 브루스 립튼Bruce Lipton 박사는《신념의 생물학 The Biology of Belief》(국내 번역서 《당신의 주인은 DNA가 아니다》, 두레, 2014)에서 지속적인 갈등과 불화를 겪어 여성이 늘 스트레스를 받는 가정에서 아이를 수태하면 무슨 일이 일어나는지 설명한다. 육체적, 심리적 폭력에 따른 생리학 반응은 무엇일까? 싸움 혹은 도주 반응이다.

어떤 사람이 그 임신부를 공격하려 하면 그녀는 맞서 싸우거나 싸울 필요가 없도록 그 상황에서 도망갈 것이다. 어느 쪽이든 임신부에게는 힘이 필요하다. 두 상황 모두 사지가 필요하므로 혈액이 위, 간, 비장, 폐, 뇌 같은 내장 기관에서 사지로 간다. 임신부가 계속해서 스트레스 상태에 있으면 혈류가 더 자주 사지 쪽으로 흐른다. 임신부의 배 속에서 자라고 있는 태아에게도 똑같은 일이 벌어져, 태아의 혈류는 내장 기관으로 향하는 것보다 사지로 향하는 것이 더 많아진다. 이 경우 아이의 사지는 정상적인 사람보다 더 길어진다.

두 번째로 뇌의 후두엽과 전두엽 성장에 차이가 생긴다. 인지와 직관 능력을 담당하는 전두엽은 태아가 사랑과 애정이 있는 건강한 가정 환경에서 자랄 때 발달한다. 스트레스와 긴장이 있으면 혈류가 두뇌 뒤쪽으로 더 자주 흘러서 두뇌 뒷부분이 더 커진다.

아버지의 뇌가 잘 발달해 있고 사지도 정상이며 어머니 역시 마찬가지일지라도 태아는 사지가 더 길고 소화기관은 발육 부진을 겪는다. 아이와 자주 접촉하는 사람, 부모의 미묘체 그리고 아이가 성장하는 환경은 아이의 유전적 패턴이 발현하는 방식에 분명 영향을 미친다.

명상은 우리의 미묘체를 정화하고 다듬기 때문에 후성유전학에 매우 중요한 역할을 할 수 있다. 명상하면 무슨 일이 생길까? 과학자들은 1만~2만 시간 동안 명상한 사람들을 연구했다. 그 결과 이들은 신경섬유, 즉 축삭돌기를 둘러싸 절연하는 수초 myelin sheath가 더 두껍다는 것이 밝혀졌다. 또한 적정 시간 동안 규칙적으로 명상하는 사람들은 뇌의 전두엽이 잘 발달한다.

명상은 진화 측면에서 우리의 생리적 시스템에 분명 영향을 미친다. 그러나 이것이 우리의 목표는 아니다. 이 좋은 이유에도 불구하고 우리의 진정한 진화 목표는 그 모든 생리적 변화를 넘어서는 것이다.

우리는 삶이 더 낫게 변하길 원하면서도 대개는 변화를 두려워한다. 문제는 변화가 너무 많은 불편함을 만들어 우리의 기반을 흔든다는 데 있다. 수년간 한 침대를 쓰며 같은 위치에서 잠을 잔 부부의 예를 들어보자. 가령 부인이 오른쪽에서 잠을 잔다고 치자. 어느 날 부부 중 한 명이 자리를 바꾸자고 요구하면 싸움이 나기 쉽다. 우리에겐 이처럼 단순한 일상의 변화마저 도전이다! 내면의 영적 분위기 같은 거대한 것이 변화할 때는 우리의 안전지대가 완전히 산산조각 나기에 우리는 더욱 저항한다. 우리는 특정 내면 환경과 느낌에 익숙해져 있다.

가슴에서 위쪽인 중앙 영역까지 우리에게는 13개 주요 지점 혹은 차크라가 있다. 우리의 영적 진화를 설명하는 한 가지 방법은 이것을 한 차크라에서 그다음, 다시 그다음으로 연결해 마침내 열세 번째 차크라에 이르는 여정으로 설명하는 것이다. 우리는 무한대로 방대한 내면 우주를 여행하며 각 차크라는 그 우주에 있는 각기 다른 은하와 같다.

우리가 한 은하에서 다른 은하로 옮겨가는 동안에는 늘 그 움직임과 변화에 따른 반응이 있다. 바부지는 그의 책《무한을 향해Towards Infinity》[5]에서 각각의 새로운 차크라로 들어가는 과정을 설명했다. 그는 마음에서 발생하는 무거움과 불안정성을 이야기한다.

우리 중 다수는 새로운 은하에서 오는 불편함을 느낄 때 명상하기가 매우 어렵다. 어떻게 이곳을 잘 헤쳐갈 수 있을까? 도움

---

5   Ram Chandra of Shahjahanpur, 2015. *Towards Infinity*. Shri Ram Chandra Mission, India.

을 청한다. 마음이 무겁고 그럴 기분이 아니라서 명상하고 싶지 않은 날에는 트레이너에게 명상 세션을 요청하거나 스마트폰의 하트풀니스 앱으로 트레이너와 함께하는 명상 세션을 받자. 좀 더 쉽게 변화에 적응하는 데 도움을 받을 것이다. 당신은 진화 과정에 있기에 그 과정을 잘 진행하고 변화에 적응할 방법을 찾을 수 있다.

한 차크라에서 다음 차크라로 넘어가는 순간마다 의식의 내면 캔버스가 아주 많이 변화하기 때문에 우리는 의식 안에서 새로운 분위기를 느낀다. 그 탓에 수행이 불안정해진다. 그러나 이런 순간을 기대하며 기다리면 오히려 우리의 진보를 자축할 수 있다.

한 가지 경험을 공유하고자 한다. 독일에서 온 젊은 여성이 명상을 시작한 뒤 인도에 있는 우리 아슈람 중 한 곳을 방문했는데, 그녀는 하트풀니스를 극구 찬양했다. 나는 "진정하세요"라고 말하고 그녀에게 일기장을 선물했다. 나는 첫 쪽에 그녀가 한 말을 적으라고 한 뒤, 보통 하트풀니스 소개 시팅을 세 번 경험한 사람은 그것이 자신에게 일어난 가장 좋은 일이었음을 인정하지만 얼마간 시간이 흐른 뒤 많은 사람이 수행을 그만둔다고 말했다. 그녀는 그것에 관해 설명해달라고 요청했다.

나는 이렇게 대답했다.

"당신이 느끼는 행복감은 오래가지 않을 겁니다. 곧 당신이 다음 영적 차크라로 이동하면 새로운 단계가 올 것이고, 당신은 '여기가 어디지? 내가 왜 여기 있지? 이제 더 이상 좋은 느낌이 들지 않아'라고 말할 겁니다. 그러나 이것은 지나가고 약간의 시간이 흐른 뒤 자신이 진보했고 의식도 확장되었음을 알아챕니다. 불편하게 느껴지는 것은 그저 변화일 뿐입니다. 그때 일기장의 첫 쪽을 읽고 그것이 당신에게 일어난 가장 좋은 일임을 기억하세요. 새로운 단계를 지나갈 때마다 다시 읽으세요."

어느 정도 시간이 흐른 뒤 그녀는 내게 이런 편지를 보냈다.

"그렇게 몹시 나쁜 느낌은 아닙니다. 제가 언제쯤 발전할 수 있을지요?"

운동선수는 다음 수준의 성과로 옮겨가는 데 필요한 훈련에 따르는 불편감을 반긴다. 마찬가지로 영적 진화 기제를 이해하면 우리에게 나타나는 불편감과 그에 따른 피할 수 없는 동요를 성장 지표로 환영하는 법을 배우게 된다. 비행기나 선박에서 경험할 수 있는 난기류와 폭풍을 생각해보자. 영성에서 그런 난기류와 폭풍을 만나면 이는 우리가 나아가고 있음을 뜻한다. 반면 계속 안전지대에 머무는 것은 우리가 나아가고 있지 않음을 의미한다. 우리가 나아가고 진화하는 것을 돕는 것은 인도자의 일이다.

우리가 변화에 저항하면 인도자는 밀어붙이지 않는다. 대신 그는 상황을 만들어 우리가 더더욱 갈망하게 만든다. 인도자는 항상 진화 과정을 가속하기 위해 존재하지만 우리 역시 역동적으로 적극 참여해야 한다. 현명한 사람들은 시간을 소중히 여긴다!

우리가 여정의 험난한 구간을 행복하게 받아들이면서 더 높은 상태를 원하고 협력하면 무슨 일이 일어날지 상상해보자. 그 여정에는 더 많은 긍정적 변화도 있다. 새로운 차크라로 이동한 처음에는 불편함이 있지만 그곳에 안착하면 편안함을 느끼고 기분이 좋아지기 시작한다. 연달아 이어지는 차크라마다 지복 경험은 더욱 아름다워지고, 의식은 새로운 수준으로 계속 확장되며, 명료하고 미묘한 상태가 꾸준히 발전한다.

인도자는 우리를 계속 움직이게 한다. 일단 이어지는 차크라마다 우리 안에서 좋은 것이 무르익으면, 특정 차크라에서 느낌과 경험의 장을 한번 마스터하면, 인도자는 상태를 조성하고 우리는 다음 차크라로 부드럽게 넘어간다.

우리가 자발적으로 "더 멀리 나아가고 싶습니다"라고 요청하면 우리 쪽에서 기꺼운 마음으로 새로운 상태를 촉발할 것이다. 이는 더 빠른 진화를 일으키는 열쇠다. 변화를 두려워하지 말고 이를 환영하라.

세 가지 몸: 육체, 마음, 영혼

이것을 더 잘 이해하기 위해 인간의 세 가지 몸인 육체, 정신적인 몸, 영적인 몸을 더 깊이 탐색해보자. 첫 번째는 살과 피로 이뤄진 우리의 육체다. 감각기관과 지각의 움직임은 육체의 특징이며 행동은 육체의 본질이다. 이는 우리가 어떻게 살아가느냐에 따라 변하긴 하지만 그리 많이 변하지는 않는다. 이를테면 우리는 더 건강해질 수는 있어도 키가 한 뼘 더 커지거나 팔다리가 더 생길 수는 없다. 육체 진화는 한 생보다 더 오랜 기간에 걸쳐 일어나므로 우리는 육체가 자기 생에 크게 진화하리라고 기대하지 않는다.

또한 우리에게는 아스트랄체, 미묘체, 진동체 그리고 마음으로 알려진 정신체mental body가 있다. 이것은 가슴과 마음의 장으로 에너지와 관련이 있다. 여기에는 생각하고 느끼고 이해하는 특징이 있다. 그러니까 정신체는 사고, 느낌, 감정, 직관, 영감, 에고, 지성, 지혜, 용기, 사랑, 의식의 영역이다. 그 안에는 움직임과 휴식이 모두 존재한다.

세 번째 몸은 영적인 몸으로 인과체(우리 존재의 원인)와 영혼으로 알려져 있다. 인과체는 '무無'의 절대적 상태와 관련이 있다. 이는 우리 존재의 근간이다.

세 가지 몸

육체
스튤라 샤리르

마음 ― 미묘체
수크쉬마 샤리르

영혼 ― 인과체
카라나 샤리르

평화 혹은 휴식은 영혼의 특징으로 여기에는 모든 움직임이 씨앗 형태로 담겨있다. 인과체는 궁극적으로 순수하고 변하지 않는 불변의 몸으로, 인과체 진화는 우리가 직접 작업할 수 없다. 이는 차크라에 기반한 우리 내면 여정의 자연스러운 결과로 진화한다.

변형이 일어나고 변형으로 진화하는 몸은 세 가지 몸 중에 있는 미묘체다. 우리는 호모 사피엔스라는 종이고 우리의 존재 이유는 마음, 지식, 지혜이므로 진화가 일어나는 곳은 미묘체. 우리 운명은 모두 미묘체의 정화, 진화와 관련이 있다.

복잡성과 불순물 층을 제거해 우리 시스템 안의 모든 차크라를 정화하고 깨우면 이런 진화가 일어나 의식이 진화하는 것을 발견한다. 이것이 우리가 운명을 디자인하는 방법이다. 또한 이것은 하트풀니스 수행이 지향하는 바다.

이 세 가지 몸은 모든 생명에 공통적이다. 이를 우주에 있는 모든 것을 물질, 에너지, 절대 공간이라는 세 가지 상태 개념으로 보는 물리학에 대입하면 이해하기가 쉬울 것이다.

광물계는 이 세 가지 몸이 상당히 밀접하게 묶여있어서 분리하기 어렵다. 광물은 자유가 별로 많지 않다. 그 특성은 진동에 따라 다르며 우리는 여기에 금, 납, 오스뮴 같은 이름을 붙인다.

식물계는 세 가지 몸이 광물계보다 덜 밀접하게 묶여있다. 식물을 관찰하면 식물이 자극에 반응하는 미묘체를 지니고 있음을 알 수 있다. 히비스커스, 캘리포니아양귀비, 목련 같은 꽃이 해가 뜨면 꽃잎을 활짝 열었다가 어두워지면 닫는 것을 본 적 있는가?

해바라기, 양귀비, 메리골드, 데이지 같은 향일성 꽃은 태양을 향해 움직인다. 미모사처럼 만지면 안쪽으로 접히는 민감한 잎을 지닌 식물도 있다. 바람이 불거나 폭풍이 오면 나무의 잎과 가지는 춤을 추지만 누군가가 가지를 자르려 하는 순간 나무는 동요한다. 현대 연구자들[6]은 나무가 곰팡이균 네트워크의 도움을 받아 나무뿌리로 소통하는 방법을 설명한다. 나무의 언어와 나무가 어떻게 공동체를 형성하는지, 숲에서 어떻게 서로 돕는지, 어떻게 학습하는지도 알려준다. 그러나 이 모든 것에도 불구하고 식물의 미묘체와 인과체는 동물의 그것보다 더 밀접하게 묶여있다.

동물은 식물보다 세 가지 몸이 더 멀리 떨어져 있다. 인간에게는 이 세 가지 몸을 더 느슨하게 연결할 잠재력이 있지만 이는 각 개인의 특성에 따라 다르다. 어떤 사람은 세 가지 몸이 긴밀하게 결합한 반면 또 어떤 사람은 극단적 유연성과 자유를 보여

---

6 Haskell, D.G., 2017. *The Songs of Trees*. Black Inc., Australia.

준다. 분리의 정도에도 차이가 있다. 베다 철학에서 세 가지 '구나gunas(속성, 특징)'를 들어본 적 있을 것이다. 세 가지 구나는 바로 타마식tamasic, 라자식rajasic, 사트빅sattvik이다. 이 세 가지 특징은 인간의 세 가지 몸이 얼마나 느슨하게 혹은 얼마나 강하게 연결되어 있는지를 반영한다.

타마식 사람은 돌이나 광물에 더 가까우며, 세 가지 몸이 더 단단히 결합한 까닭에 미묘체가 그리 자유롭지 않다. 그 결과 의식이 제한적이다. 이런 사람은 상당히 제한적인 정신 능력을 보이며 자기 주변에서 벌어지는 일을 늘 파악하지는 못한다. 우리가 무언가를 설명하면 미묘체가 그 개념을 이해할 만큼 충분히 자유롭지 않아 항상 이해하지는 못한다.

라자식 사람은 미묘체가 훨씬 더 많이 움직이지만 의식이 불안하고 혼란스럽다. 마음이 변덕스러워 쾌락과 욕망에 따라 여러 방향으로 끌려간다. 그 결과 의식이 더 혼란스럽고 최대로 확장할 수 없다.

사트빅 사람은 확장한 순수 의식을 지닌다. 이들은 미묘체가 쉽게 움직여 자기 생각을 어디로든 투사할 수 있다. 사고가 가볍고 유연하며 주변의 모든 것에 경이감을 보인다.

일반적으로 우리는 우리의 순수함과 특성에 따라 이 세 가지 구나가 섞여있다. 우리가 의식의 장을 확장하면서 진화를 선택하는 것은 미묘체의 유연성 정도에 따른다.

우리라는 존재가 육체에 기반을 둔 것처럼, 미묘체와 영혼도 육체적 기반 위에 자리한 듯 보이겠지만 실상은 정반대다. 영혼이 의식을 낳으며 이들은 분리할 수 없다. 그 뒤 의식은 자기 존재를 위해 정체성과 에고를 형성한다. 그 에고는 존재를 위해 지성을 활용한다. 그리고 지성을 키우는 데는 마음의 사고 기능이 필요하다. 한마디로 의식을 뒷받침하는 것은 영혼이다. 의식은 에고를 뒷받침하고, 에고는 지성을 뒷받침하며, 지성은 사고를 뒷받침한다. 이러한 것은 결국 육체를 뒷받침한다.

미묘체

미묘체는 우리의 에너지 장이다. 우리는 이를 가슴과 마음의 장으로 생각할 수 있다.

미묘체는 폭풍이 있을 때 거세게 파도치며 동요하는 대양처럼 복잡할 수도, 반대로 표면에 깃털 하나만 떨어져도 파문이 이는 고요한 연못 같을 수도 있다. 하트풀니스 수행은 에너지 장을 정화하고 단순화해 명료함과 고요함, 평화를 불러오는 도구를 제공하므로 여기서 중추적 역할을 한다.

가슴은 마음 행동의 장이다. 이는 무엇을 뜻하는가? 이 장 안에는 네 가지 주요 기능이 있다. 의식(치트chit), 생각과 느낌(마나스

manas), 지성과 지혜(붓디buddhi), 에고와 정체성(아한카르ahankar)
이 그것이다. 이들은 공존하면서 우리가 마음으로 알고 있는 것
을 구성한다. 우리는 이들을 네 가지 주요 미묘체 혹은 미묘체의
요소라고 부른다.

사실 구자라트인Gujarati의 성자 하리다스지Haridasji(1862~
1938)는 19가지 미묘체 요소를 설명했는데 이는 다음과 같다.

- 다섯 가지 인지cognitive 감각: 시각, 청각, 후각, 미각, 촉각.
- 다섯 가지 능동적conative 감각: 제거, 재생산, 움직임, 손으
  로 잡기, 말하기의 주요 에너지 과정.
- 바유vayus라고 알려진 다섯 가지 프라나 또는 에너지 흐름:
  안으로 향하는 흐름, 아래로 내려가고 밖으로 향하는 흐름,
  통합하고 균형 잡힌 흐름, 위로 올라가는 흐름, 순환하는
  흐름.
- 네 가지 안타카란antakarans 또는 마음의 내적 기능: 치트,
  마나스, 붓디, 아한카르

우리가 진화를 위해 주로 사용하는 것은 '네 가지 안타카란'이
다. 다른 열다섯 가지 요소 역시 하트풀니스 요가 수행으로 다듬
어지고 균형을 이룰 수 있다.

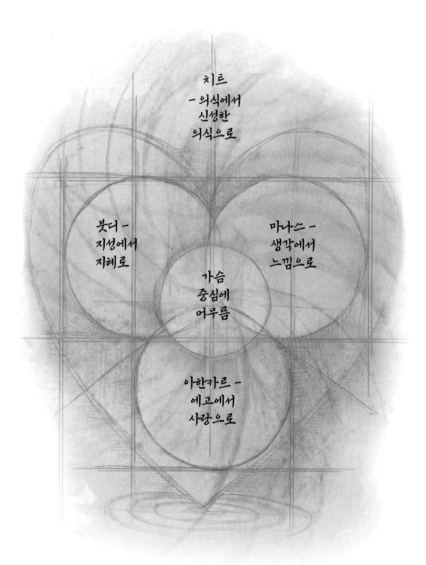

치트
– 의식에서
신성한
의식으로

붓디 –
지성에서
지혜로

마나스 –
생각에서
느낌으로

가슴
중심에
머무름

아한카르 –
에고에서
사랑으로

네 가지 미묘체

이 네 가지 중 우리 운명을 엮기 위해 확장하고 진화하는 것은 의식 혹은 '치트'다. 그러나 이것은 다른 세 가지를 다듬어야 가능하다. 의식은 화가의 캔버스 같아 그 위에서 다른 세 가지 미묘체의 역할을 매일 조율한다. 이들은 의식에서 자기 존재를 지닌다고 말할 수 있다.

우리는 의식이 진화하도록 의식을 적극 확장한다. 영적 수행은 마음을 점차 더 깊은 수준으로 고요하게 해서 이러한 확장이 가능하게 하는 조건을 만든다. 육체 수준에서 우리는 몸의 근육을 강화하기 위해 운동한다. 마찬가지로 마음이 진화하고 의식을 확장하려면 존재의 미묘한 수준(마나스, 붓디, 아한카르)에 속하는 것들이 자유로운 의식에 이를 때까지 훈련해야 한다. 그 결과 확장하고 날아오를 수 있다. 이는 명상 수행으로 이뤄진다.

명상과 명상 상태

명상이 이와 무슨 관계가 있을까? 우리는 마음을 훈련하고 조절하기 위해 명상한다. 조절하지 못하는 마음은 소망과 욕망, 두려움, 습관에 따라 여러 방향으로 끌려간다. 이는 본질상 '라자식'이며 그 마음이 너무 많은 채널로 에너지를 흩어놓아 점점 약해진다. 바부지가 손에 그렸던 수로를 기억하는가? 이를 초점이 있는 조절한 마음에 비유해보자. 한 가지 일을 하고, 하나의 채널을 두는 것이다. 우리가 명상을 잘하고 마음을 조절하면 의식은 확장되고 진화한다.

우리의 생각과 지성, 에고는 모두 명상으로 잘 다듬어지고 발전한다. 또한 우리는 사고 과정을 여러 채널에서 한 채널로 단순화하고 명상 수행으로 집중하는 법을 배운다. 그런 다음 생각에서 느낌으로 더 깊이 들어간다. 느낌은 우리가 생활양식을 다듬고 외적 행동과 내면 상태를 통합할 수 있도록 우리에게 더 큰 직접적 지각, 감정을 잘 사용하는 더 큰 능력과 직관을 부여한다.

우리는 명상으로 생각이 작동하는 것을 관찰하고 목격하는 기술을 배운다. 특히 이것은 에고가 문제를 일으킬 때 감정과 반응을 다루는 데 도움을 준다. 우리는 더 섬세해지고 명민해진다.

하루 종일 명상 상태를 유지하고 기르는 것은 좋은 명상의 또 다른 결과물이며, 이는 마음이 균형을 이루고 더 깊어지도록 돕는다. 우리가 이런 지속적인 자각 상태 또는 내면 상태의 기억 안에 있을 때, 우리의 의식 캔버스는 손상되지 않는다. 의식은 생생하고 깨끗한 상태로 남으며 인상 형성으로 더러워지지 않는다.

미묘체는 마음의 잠재의식, 의식, 초의식 측면을 포함해 의식의 전 스펙트럼을 포괄한다. 스와미 비베카난다는 "의식은 잠재

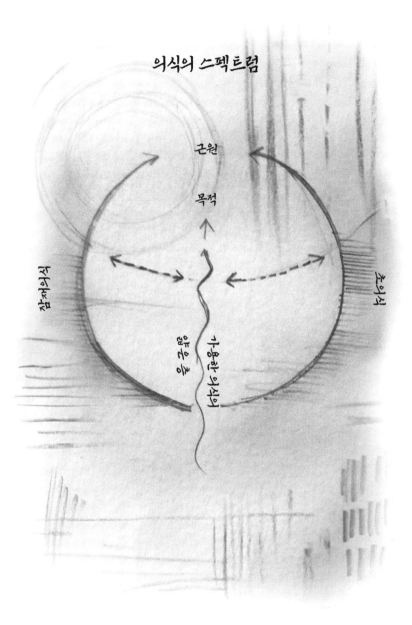

의식의 스펙트럼

근원

목적

무의식

초의식

가용한 의식어

알은 종

의식과 초의식이라는 2개의 대양 사이에 있는 단순한 필름이다"라고 말한 바 있다. 우리도 잠재의식을 거대한 대양으로, 의식을 대지 표면으로, 초의식을 우주로 뻗어나가는 하늘로 상상할 수 있다. 우리가 진화하면서 의식은 인간 잠재력의 광대함을 열며 전 스펙트럼에 걸쳐 확장된다. 이를 달리 표현하면, 우리는 표면에 있는 시작점에서 우리 자신으로 더 깊이 들어간다고 말할 수 있다.

과학자들은 이것을 다른 방식으로 이야기한다. 예를 들어 브루스 립튼 박사는 아래와 같이 말한다.

순수한 신경 처리 능력으로 본다면, 잠재의식적 마음은 의식적 마음보다 백만 배 이상 더 강력하다. 의식적 마음의 욕망이 잠재의식적 마음의 프로그램과 충돌하면 어떤 마음이 승리하리라고 생각하는가? (…) 우리가 직면한 가장 큰 문제는 의식적 마음이 만든 소망, 욕망, 열망으로 삶을 꾸려가고 있다고 생각한다는 것이다. 목표를 위해 고군분투하거나 목표 달성에 실패할 때, 일반적으로 우리는 자신을 목적 달성을 막는 외부적 힘의 희생양이라고 결론짓는다. 그런데 이제 신경과학은 의식적인 마음이 기껏해야 인생이라는 쇼의 5퍼센트 정도 시간에만 기능한다는 것을 밝혔다. 잠재의

식적 마음이 형성한 프로그램이 인생 경험의 95퍼센트 혹
은 그 이상을 구현하는 것으로 나타난다(Szegedy-Maszak,
2005).

립튼 박사는 초의식을 언급하지 않았으나, 아서 쾨슬러Arthur
Koestler는 1964년 초의식적 직관이 인간의 창조성에 어떻게
발현하는지를 다룬《창조의 행위The Act of Creation》를 출판했
다. 위대한 과학상의 발견이나 요가의 발견을 잘 들여다보면 그
발견과 영감의 원천이 초의식임을 알 수 있다. 이는 사람이 전반
적으로 이완 상태에 있을 때 만개한다. 위대한 아르키메데스 원
칙, 아이작 뉴턴의 기본 중력 법칙, 퀴리 부인의 방사능, 벤젠 분
자 구조와 DNA 이중 나선 구조 발견을 생각해보라. 이런 발견
은 합리적인 연역적 사고 결과가 아닌 꿈에서, 혹은 발견자가 생
각한 것이 아닌 완전히 이완한 상태에서 이뤄졌다.

영적 발견과 과학적 발견의 원천은 같다. 이 둘의 접근방식은
반대되는 것이 아니다. 립튼 박사는 초의식에 관한 인식은 없었
어도 잠재의식적 마음이 의식적 마음보다 얼마나 더 방대한지
에는 주목했다. 우리는 트랜스미션의 도움으로 우리 의식을 양
방향으로 확장하고 이전에 알지 못하던 영역인 잠재의식과 초
의식을 탐색할 수 있다.

지성과 기도와 정화

내면으로 더 깊이 들어가는 과정에서 지력intelligence은 점점 더 가슴에 기반을 둔다. 의식이 스펙트럼을 따라 확장하면서 직관과 영감이 계발되고 붓디는 가슴 신호를 포착하는 민감한 안테나와 함께 세밀하게 조율이 이뤄진다. 그 결과 지성intellect이 지혜를 포함하도록 점점 더 확장한다. 우리는 종종 현명하게 선택하는 사람을 지혜로운 사람으로 여기지만, 이 과정을 거쳐 우리는 완전히 다른 차원으로 더 멀리 나아간다. 그곳에서는 더 이상 선택이 필요치 않다. 가슴의 지혜가 무척 순수하고 정확하기 때문이다. 그 결과 감정 지능, 사회 지능, 영성 지능이 모두 자연스럽게 피어난다.

지적인 사람과 현명한 사람 간에는 커다란 차이가 있으며, 기도 수행은 우리를 단순한 지성에서 지혜로 나아가도록 돕는다. 기도는 우리를 가슴으로 데려가 근원과 연결하며 그곳에서는 우리가 저지른 모든 잘못을 내려놓고 다시는 같은 실수를 하지 않겠다고 결정할 수 있다. 이것이 지혜가 아닐까? 우리가 매일, 매시간 어리석은 잘못에 굴복하면 우리는 더 현명해지는 것이 아니다. 우리가 가슴 깊은 곳에서부터 변화를 원하고 도움을 청할 때 현명해진다. 매 순간 이런 태도로 삶을 살아갈 때 지혜가 자라난다.

지혜란 우리가 지닌 모든 능력을 최대한 사용하는 것을 말한다. 지혜는 최소한의 투자로 최대한의 결과를 얻는 것이다. 우리는 최소한의 행동으로 최대 결과를 얻는다. 더 적은 노력으로 점점 더 많은 결과를 낸다. 일상적인 명상 행동, 명상하는 마음만으로도 이렇듯 좋은 결과를 기대할 수 있다.

그러려면 미묘체가 순수해져야 한다. 그렇지 않으면 휘저은 흙탕물을 뚫고 호수의 바닥을 보려고 하는 것과 같다. 동요하는 마음에는 명료함이 없다. 의식 진화에는 정화 수행으로 과거 인상을 제거하는 일이 필수적이다.

에고

세 번째 미묘체는 에고, 즉 아한카르다. 에고는 의식 확장이 일어날지 일어나지 않을지에서 핵심 역할을 한다. 에고는 간혹 나쁜 것으로 여겨지지만 삶과 진화에 핵심적이다. 이는 마음의 활동 기능(행동과 사고 기능)이며 우리에게는 일상의 모든 측면, 심지어 진화하길 원할 때도 이것이 필요하다. 에고는 우리에게 정체성을 부여한다. 이것은 활성화하는 혹은 시작하는 힘이다. 현명하게 사용하면 에고는 우리에게 도움을 준다. 반면 에고를 이기적인 목적으로 사용하면 우리는 오만하고 자기중심적이 된다. 우리가 끊임없이 에고를 다듬을 경우 의식은 매우 빠르게 발달한다.

'에고를 다듬는다'라는 것은 무슨 뜻일까? 우리가 겸손할수록 에고는 진화에 더 이득을 준다. 영성, 종교, 윤리의 모든 위대한 스승은 이 측면의 성격 형성을 크게 강조했다. 이들은 겸손을 아주 높이 평가해 어떠한 대가를 치르더라도 겸손을 유지해야 한다고 보았다. 여기에 담긴 철학은 우리가 늘 타인을 더 위대하다고 생각하는 한, 자신을 위대하게 여기는 것에는 아무 문제가 없다는 것이다.

그렇지 않으면 에고는 블랙홀처럼 되어버린다. 에고는 우리 의식을 매우 강한 중력으로 끌어당겨 의식 확장을 방해한다. 지구의 중력이 우리를 무한한 우주 공간으로 떨어지지 않게 하는 것같이 우리의 에고는 의식을 묶어 한정된 영역으로 제한한다. 이는 상당히 자기애적인 사람에게 극단적으로 일어나는데, 이들의 의식은 그 자체로 돌같이 수축할 수 있다. 또 다른 예로 에고가 부풀어 올라 아주 오만한 사람이 있다. 이런 사람이 타인과 대화하는 것을 본 적 있는가? 이와 반대로 우리가 점점 겸손해지면 의식은 무한으로 확장하며 고상한 의사소통으로 선함이 드러난다.

에고는 여러 방식으로 나타난다. 가령 콘서트장의 플루트 연주자는 연주로 청중에게 많은 기쁨을 주고 청중은 이에 화답한다. 이제 연주자는 예술가로서 이전의 연주를 능가하지 않으면 행복해하지 않는다. 연주자가 연주를 잘하게 하는 것은 에고다. 이처럼 에고는 자기 존중과 자부심으로 세속적 혹은 영적인 모든 분야에서 탁월함을 계발하게 도울 수 있다. 즉, 우리의 과거 성과를 뛰어넘도록 돕는 최고의 친구가 될 수 있다. 하지만 누구도 나보다 플루트를 더 잘 연주할 수 없다고 생각하는 건 환영할 만한 에고 표현이 아니다. 이는 오만이라고 알려진 최악의 노골적인 에고다.

에고는 모든 종류의 일상 상황에서 고개를 든다. 예를 들면 우리가 자녀나 배우자와 집에서 상의하다가 의견이 맞지 않을 때가 있다. 일반적으로 다른 사람이 우리 관점을 받아들이지 않으면 우리는 그들을 이기적이라고 낙인찍는다. 그리고 우리는 수용하지 못하는 것을 에고와 연관 짓는다. '저 사람은 에고 때문에 받아들이지 못한다.' 오늘날에는 개인의 자유를 아주 중시해 하나됨을 이룰 가능성이 없다. 그런데 개별성에 타인의 희생이 따르면 이는 갈등과 분리의 원천이 되고 만다. 완벽한 하나됨 상태에서는 에고로 인한 상처가 없으며 이기심은 사라진다.

각자 자기주장이 강한 두세 사람이 토론한다고 해보자. 이들은 무척 지적일 수 있지만 각자의 신념과 아이디어로 인해 서로 갈라져 함께하지 못한다. 반대로 타인의 의견과 아이디어를 존중하고 존경하는 순간 다양한 차이점은 하나로 통합한다. 이는 생각을 풍부하게 해주고 시야를 넓혀준다. 에고를 정복할 때만 우리는 서로의 재능과 의견, 아이디어를 존중하고 이용할 수 있다. 둘과 셋은 '다중multi'이고 갈등은 에고가 다중우주multiverse에서 충돌할 때만 일어난다. 우리가 진정 서로를 진심으로 존경할 때라야 합일 가능성이 있다. 수용은 에고의 해독제다.

이것을 생각해보자. 우리가 타인의 요청에 "예"라고 말할 때 에고는 수용 상태에 관여할까? 전혀 그렇지 않다. 반면 우리가 싸우거나 "난 거부해"라고 말할 때 에고는 꽤 거대해져 아주 크고 무겁다. 우리가 "예"라고 말할 때 많은 가능성이 저절로 열린다. 우리가 "아니오"라고 말할 때는 막다른 골목이다. 우리가 받아들이면 에고는 사라진다. 에고가 사라지면 거기에 초월이 있다.

생각과 묵상

미묘체의 네 번째 기능은 마나스, 즉 생각과 묵상 기능이다. 하트풀니스 명상 중 첫 번째 단계는 여러 개로 흩어진 생각을 가슴 속 신성한 빛의 근원이라는 단 하나의 생각으로 주의를 집중하는 것이다.

하나에 집중하는 연습을 하면 시간이 흐르면서 자연스럽게 집중력이 발달한다. 그렇다고 명상하는 내내 그 한 가지 생각에만 머물러야 하는 것은 아니다. 어느 시점에는 그 생각이 떠나야 가슴에서 생각 대상을 느낄 수 있다.

만일 우리가 명상하는 내내 생각하면 두통이 생기고 의식을 확장할 수 없을 것이다. 명상 대상인 최초의 생각은 우리를 더 깊이 들어가게 하는 발판일 뿐이다. 이는 과학 실험에서의 가정이나 가설과 같다. 우리가 명상하는 신성한 빛이라는 존재의 경험에 녹아들기 시작하면 이런 가정은 결국 옳은 것으로 입증된다. 그 뒤 우리는 그 존재를 느끼면서 점점 더 멀리, 깊이 들어가고 그 느낌조차 천천히 사라진다. 그러면 에고가 사라지고 에고를 경험하는 우리조차 없다.

마나스가 명상 수행으로 진화하는 동안 사고는 느낌을 포함하도록 진화하고 확장한다. 그리고 결국 느낌을 넘어 존재 상태까지, 비존재 상태로 존재의 절대적 상태와 합일할 때까지 확장한다. 다시 한번 말하지만 이런 상태는 경험으로만 이해할 수 있다.

의식

영적 수행으로 지성과 에고, 사고가 진화하는 동안 미묘체는 더 가볍고 순수하고 단순하게 다듬어져 의식이라는 호수는 거의 파문 없이 고요해진다. 이는 확장하고 진화할 수 있다.

이렇게 확장한 의식으로 우리는 무엇을 할 수 있을까? 명상 중에 그 의식을 단순히 즐기는 것보다 더 많은 것을 할 수 있다. 명상 후 우리가 특별한 상태에 있고 그 상태가 좋은 것임을 알고 있다고 해보자.

그 뒤 출근한다. 우리는 앞서 어떻게 하루 종일 그 상태를 유지하는지 논한 바 있다. 상태 유지를 넘어 우리가 가는 곳마다 향기가 퍼지도록 의도를 담아 의식적으로 자신감 있게 그 상태를 발산하는 것은 어떨까?

아침 명상 후 잠시 '내 안의 상태는 내 밖에도 있다. 내 주위의 모든 것을 비슷한 상태 안에 흡수하고 있다. 내가 사람들을 보거나 말을 건네거나 이야기를 듣거나 아니면 침묵할 때, 이 상태가 모든 곳에 퍼져가게 하자'라고 생각하자. 의식이 닿는 어디로든 의식을 확장하자.

고도로 진화한 존재의 미묘체를 관찰하면 이들이 완전한 자유를 누리고 있음을 알 수 있다. 미묘체는 어디로든 여행이 가능하며 주어진 영적 작업을 하고 돌아올 수 있다. 이것이 영성계에 살아있는 인도자를 중요시하는 전통이 있는 이유다. 과거의 성인과 영적 지도자가 아무리 위대해도 그들이 살아있는 인도자가 하듯 우리를 직접 도울 수는 없기 때문이다. 왜 그럴까? 영적 작업을 하려면 우리의 심리적 사고방식을 수정해야 하는 데 살아있는 인도자는 자신의 미묘체를 이용해 미묘한 암시, 정화, 트랜스미션, 기도로 구도자의 삼스카라를 뿌리째 제거할 수 있어서다.

나는 차리지가 그를 직접 만나 설명을 듣고자 하는 사람을 만나거나 편지를 읽는 것을 수차례 목격했다. 어떤 말을 하지 않아도 그는 무엇이 필요한지 느꼈다. 결정을 내리는 과정에서 어떤 사고도 개입하지 않았다. 마나스가 상당히 진화한 그는 심사숙고하지 않아도 사람들에게 도움을 줄 현명한 조언을 할 수 있었다.

다른 예는 스와미 비베카난다가 라마크리슈나 파라마한사 Ramakrishna Paramahansa의 일화를 소개한 것에서 볼 수 있다. 스와미 비베카난다는 이렇게 말했다.

"서양 사람들이 의식을 그렇게 많이 이야기한다는 말을 들었을 때 내 귀를 믿을 수 없었습니다! 의식? 의식이 뭐가 중요합니까! 오, 헤아릴 수 없이 깊은 잠재의식과 헤아릴 수 없이 높은 초의식에 비할 수 있는 것은 없습니다. 라마크리슈나 파라마한사가 10분 안에 한 사람의 잠재의식적 마음에서 그의 모든 전생을 파악하고, 그로부터 그의 미래와 능력을 판단하는 것을 본 나는 이를 믿을 수밖에 없습니다."

미묘함의 수준

영적으로 성장함에 따라 우리는 점점 더 가벼워진다. 그 결과 우리가 먹는 음식 같은 일상 활동을 포함해 우리가 하는 모든 일에서 더 미묘해진다. 진화한 인간은 몸 3개가 더 자유롭게 연결되어 있어서 채식처럼 더 가벼운 음식을 먹는 것이 유리하다. 앞서 말했듯 식물의 물리적인 몸과 미묘체는 동물보다 더 밀접하게 결합해 있으며, 더 많이 진화한 동물일수록 더 많이 분리되어 있다. 미묘체가 육체에 덜 묶여있을수록 죽을 때 고통스러울 가능성이 더 크다.

당신 앞에 위대한 성자가 있다고 상상해보자. 성자의 미묘체는 도처에 있어서 그 사람이 먹는 것을 상상할 수 없을 것이다. 그 혹은 그녀는 우주에서 대단히 진화한 존재 중 한 명으로, 당신이 성자를 죽이면 그들은 고도로 진화한 의식 때문에 그에 따른 고통이 막대하다. 존재가 미묘할수록, 미묘체가 더 진화했을수록 고통이 더 크다. 그 고통은 그것을 소비하는 누구에게든, 무엇에게든 전달된다. 우리가 섭취하는 음식의 진동 수준은 우리의 일부가 된다.

미묘함 수준 상승에는 어떻게 적응할 수 있을까? 명상을 마쳤을 때 당신 주변의 조화할 수 없는 것들과 씨름해야 할지라도 그 명상 상태를 유지하려 노력하자. 이는 도전이며 우리 훈련의 시작점이다. 미묘체는 적응해야 한다. 의식, 사고, 지성, 에고는 모두 주변 환경에 적응할 필요가 있다. 처음에는 명상 중이나 명상을 마친 뒤 무언가가 방해하면 화가 난다. 얼마간 시간이 흐르면 우리는 그런 방해에 익숙해지고 주변에서 무슨 일이 일어나든 명상 상태를 유지하는 기술을 습득한다.

의식은 어디까지 계발할 수 있을까? 의식, 마음, 지성, 에고가 최고의 잠재력에 이르렀을 때 의식은 신성한 의식 수준까지 진화할 수 있다. 진화의 최정점에서는 마음이 완전히 열려 아무런 두려움이 없다. 이렇게 고도로 진화한 영혼은 완전히 자유롭고 열려있다.

이 모든 훈련은 의식의 가장 높은 잠재력에 이르기 위한 진화 과정이다. 이 여정을 달리 설명하자면 우리는 우리의 본래 의식, 본래 상태로 돌아가는 중이다. 그 본래 상태에서는 우리에게 삼스카라가 없으며 완전히 순수하고 가볍다. 우리가 처음 창조되었을 때 우리에게 온 첫 번째 삼스카라는 무엇일까? 두려움이다. 우리의 근원과 분리된다는 두려움이다. 우리가 변화에 열려 있고 두려움이라는 첫 번째 삼스카라를 제거하면, 나머지 삼스카라는 스스로 떠날 수 있다. 하트풀니스에서는 삼스카라 구조물의 토대인 원초적 두려움을 처음 몇 번의 소개 명상 세션에서 제거한다.

하트풀니스 소개 명상 세션에서는 세 가지 선물을 받는다.

1. 매일 효과적으로 스스로 정화 수행을 할 수 있다.
2. 당신 가슴에 존재하는 신성한 빛을 점화한다.
3. 당신 가슴과 인도자 가슴 사이의 연결을 확립한다.

삶의 기술이란 그 무엇도 요구하지 않고 신께 감사하며 사는 것을 말한다. 이는 진화에서 그 자체로 큰 발전이다. 우리와 타인을 있는 그대로 수용하고 나아가는 것이다. 자기 자신을 바꾸기도 대단히 어려운데 왜 세상을 바꾸려 하는가? 신조차 자신의 창조물인 이 세상을 바꿀 수 없다. 왜 배우자, 자녀, 직장 상사를 바꾸려고 고민하는가? 즐겁게 받아들이는 것은 그 자체로 비약적인 진보다.

미묘체의 네 가지 기본 요소인 의식, 마음, 지성, 에고는 역동적 동인이다. 이들 요소는 일상 행동과 상호작용에서 나타난다. 우리의 행동 패턴은 사실 생활양식과 인간관계의 단순성 그리고 순수함으로 나타나는 미묘체의 순수함 수준을 반영한다.

하트풀니스의 정화 수행에서 우리가 제안하고 암시하는 것

은 무엇인가? 모든 복잡성과 불순물이 등 뒤로 빠져나가는 것
이다. 얼마나 간단한가? 복잡성이 사라지면 우리는 단순해진다.
불순물이 사라지면 우리는 순수해진다. 이는 매일 저녁 모든 복
잡성과 불순물이 사라진다고 암시하는 아름답고 완벽한 방법
이다. 복잡성과 불순물을 제거하는 이 기본적인 것은 강력한 과
정이다.

15. 운명과 진동

진동 화합성

화합성compatibility은 매우 섬세한 개념이다. 화합성이 없다면
조화와 합일이 어디에 있겠는가? 아마 일이 제대로 이뤄지지 않
을 것이다. 가령 가난한 인도 출신의 IT 전문가가 대기업에서 일
하기 위해 유럽의 도시로 갔을 때 나이프, 포크, 욕조 사용법을
모른 채 5성급 호텔에 묵을 수 있다. 생활양식이 주변 환경에 맞
게 적응하기까지 그는 환경과 잘 조화하지 못할 것이다. 그는 아
직 환경과 화합하지 못한다. 다른 예를 들어보자. 당신이 약물치
료를 받는데 우연히 그 약과 맞지 않는 무언가를 먹었다면 당신
내부에서는 전쟁이 일어나고 결국 고통을 겪고 만다.

　화합성은 인간관계에서도 중요한 문제다. 우리는 대부분 이
런 질문을 던진다. 어떻게 하면 모든 이와의 화합력을 기를 수

있을까? 배우자와는 30년 동안 함께하면서, 자녀와는 그들이 자라면서 삼스카라가 드러나고 서로에게 익숙해져서, 우리 자신을 조절해 조화를 이룰 수 있다. 반면 사업 파트너와 함께하는 직장에서, 학교나 대학에서는 전 범위의 진동 수준을 만난다.

이 모두와 한 번에 조화를 이룰 수 있을까? 이는 우리가 동의하지 않는 타인일지라도 그들과 공명하는 공감과 수용이 발달할 때만 가능하다. 이런 능력을 감정 지능EQ, 사회적 지능SQ이라고 한다. 영적 수행과 함께 의식을 확장하면 이 능력은 자연스럽게 발달한다.

이렇게 생각할 수 있다. 두 사람이 서로 반대편에서 산을 오르고 있다. 서쪽 경사면을 오르는 사람은 산의 서쪽 경사면만 볼 수 있고 자신의 지각을 왜곡한다. 동쪽 면을 오르는 사람은 반대쪽 조망인 동쪽만 볼 수 있다. 이 2개의 면은 이원성일 수 있다. 과학 대 종교, 이윤 대 사업에서 환경의 지속가능성, 책임 대 수용 같은 것도 그렇다. 산 정상에 도달했을 때만 2개 조망을 모두 보고 전체 360도 시야로 통합해 모든 관점으로 살필 수 있다. 마찬가지로 우리 의식을 완전히 확장했을 때만 우리의 진동 수준이 우주의 모든 사람, 모든 것과 진정 조화를 이룰 수 있다.

죽음의 진동 수준

이 책 앞부분에서 우리 운명은 물리적 차원뿐 아니라 다른 차원과도 관련이 있다고 말했다. 그러면 죽음의 순간에는 어떤 일이 일어날까? 우리의 수단인 육체는 판차 부타라고 알려진 다섯 가지 원소, 즉 물질의 원자 풀pool로 돌아가 재활용된다. 다른 2개의 몸인 미묘체와 영혼은 어떻게 될까? 우리는 평생 앞으로 나아갈 목적지를 결정하는 진동 청사진을 만들고, 죽는 순간 우리의 미묘체와 영혼은 그 청사진과 일치하는 차원으로 이동한다.

진동 청사진과 차원은 반드시 일치한다. 영혼은 우리가 미묘체 내에서 길러 담고 있는 순수함의 수준과 영혼의 잠재성에 따라 거기에 맞는 차원을 찾는다. 우리가 지구에서 어떻게 살았는지가 앞으로 나아갈 목적지를 결정하는 셈이다. 우리 중 일부는 물리적 존재로 다시 돌아온다. 우리가 물리적 세계에 있는 사람과 대상을 애착해 물리적 세계가 우리를 다시 끌어당기기 때문이다. 이것이 삼스카라의 역할이다. 우리 중 어떤 이는 육체가 필요치 않은 다른 더 미묘한 차원으로 옮겨간다. 이것은 모두 우리가 사는 동안 스스로 만든 진동 잠재성에 달려있다. 많은 가능성이 있지만 이 주제는 이 책에서 다루는 범위를 넘어선다.

어떤 사람은 다음과 같이 묻는다. 죽음의 순간 나 자신을 정화해 내 진동 수준을 매우 미세한 차원에 조율할 수 있을까? 마지막 순간에 우리가 무언가를 이룰 수는 없기에 그런 식으로 작동하지는 않는다. 시험 바로 전날 공부하면 시험에 통과할 수도 있지만, 첫날부터 천천히 준비하면 그 결과가 다를 것이다. 시험은 언제든 일어날 수 있다. 죽음은 언제든, 아니 어느 순간에든 일어날 수 있다. 그러니 다음 차원을 맞이하기 위해 준비하려면 매우 순수하고 미세한 진동 수준, 즉 사랑의 진동에 남아있는 것이 좋다. 항상 마지막 순간을 준비하는 생활양식을 지니는 것이 도움을 준다. 실제로 이것은 합격과 불합격이 있는 시험과 같지 않으며 천국과 지옥을 말하는 것이 아니다. 이는 단순한 진동 일치다. 내 상태가 매우 가벼우면 더 가벼운 영역으로 나아가고, 내가 삼스카라의 짐을 지고 있으면 그 무게가 나를 물리적 영역으로 다시 끌어내린다.

인도자는 우리가 스스로 하는 일에 더해 앞으로의 여정을 위해 준비하게 한다.

어머니가 물리적 세계에 우리의 육체적 실체를 낳는 것처럼, 훌륭한 인도자는 더 밝은 세계the Brighter World라는 보다 높은 차원에 우리의 영적 실체Spiritual Entity를 탄생시킬 수 있다. 이는 구도자의 미래 운명에서 굉장히 중요한 단계다. 흥미로운 것은 우리의 영적 실체가 더 밝은 세계에 태어나는 동안 우리가 이곳 물리적 차원에 여전히 살아있다는 점이다. 우리의 영적 실체는 여러 차원에 존재할 수 있다. 이를 어떻게 이해할 수 있을까? 육체를 한곳에 두고 전혀 다른 곳을 생각해본 적 있는가? 마음이 다른 차원에 있었는가? 마음 저편에 무척 사랑하는 사람을 떠올려 느낌이 다른 어딘가에 가 있을 수도 있다. 실제로 우리는 여러 차원에 존재하는 능력을 생각보다 많이 사용한다.

어머니와 진정한 인도자의 역할은 상당히 유사하다. 어머니는 출산 전 9개월 동안 자궁 안에서 아이를 양육하며, 인도자는 영적 자녀인 구도자를 얼마 동안 그의 정신적 자궁 안에서 돌본다. 이 기간에 구도자는 인도자 생각의 영적 파동에서 오는 에너지와 영양분을 받는다. 때가 되면 구도자는 더 밝은 세상에서 태어나고 다른 차원에서 구도자의 삶을 시작한다.

우리가 모든 것을 내려놓고 진정 인도자의 정신적 공간 안에 머물 수 있다면, 인도자는 단 7개월 만에 우리를 더 밝은 세상에 태어나게 할 수 있다. 그러나 이 과정은 대개 우리가 자기 생각, 느낌, 욕망에 사로잡혀 있는 바람에 지체된다. 인도자를 영적 어머니로 받아들일 수 있으면, 우리는 그에게 사랑과 공경심을 느끼고 아이가 엄마에게 하듯 자연스럽게 내려놓기에 전체 과정이 단순하고 자연스러워진다.

우리와 인도자 간의 관계는 보통 이처럼 높은 수준의 수용과 내려놓음으로 출발하지 않는다. 우리는 흔히 마음의 평화, 고요함, 행복한 삶을 기대하는 것으로 시작한다. 하지만 결국 모든 것이 사라지고 우리는 무엇이 오든 은혜롭게 받아들이기 시작한다. 어떤 면에서 인도자의 역할은 우리가 삶의 상황을 더 잘 이해하고 받아들이도록 돕는 것이다.

어머니가 물리적 세계에 아이를 낳을 때 큰 기쁨이 있듯, 인도자가 더 밝은 세계에 구도자의 영적 실체를 낳을 때도 커다란 기쁨이 있다. 이러한 출산의 성공 여부는 구도자인 우리의 능력에 달려있다. 구도자를 유지하는 인도자의 능력뿐 아니라, 한없는 사랑으로 인도자의 정신적 자궁 안에 머물 수 있는 우리의 능력도 필요하다. 사랑은 늘 사랑 그 자체를 위한 것이며 우리가 만드는 가슴속 영적 진공 상태는 우리를 향해 신성한 은혜의 흐름을 끌어당긴다.

죽음의 순간, 즉 육체라는 수단이 숨을 거둘 때 우리에게 영적 실체가 있으면 이는 영혼 그리고 미묘체와 합일한다. 영혼이 영적 실체와 합일하는 것을 마하사마디mahasamadhi’라고 한다. 마하사마디를 위한 전제조건은 영적 실체를 갖는 일이다. 또한 그 전제조건은 적어도 7개월간 인도자의 정신적 자궁 안에 머물 수 있는 관계를 맺는 것이다.

사는 동안 우리가 만든 진동 청사진에 따라 여러 유형의 죽음과 죽음 뒤 목적지가 있을 수 있다. 해방을 맞은 영혼 중에는 영적 실체가 있는 이도 있고, 영적 실체를 만들 수 있는 살아있는 인도자가 없어서 다른 차원에 영적 실체가 없는 이도 있다. 이들의 죽음과 운명은 서로 다르다.

여전히 미묘체에 삼스카라라는 짐을 지니고 다니는 영혼은 인상의 무게 탓에 반드시 물리적 차원으로 다시 돌아와야 한다. 이는 형벌이 아니라 존재의 물리계에 있는 무언가를 애착할 때 그 애착이 죽음 뒤 우리를 단순히 다시 이곳으로 끌어당기는 것뿐이다. 이 과정을 '환생'이라 하며 이는 우리를 진동 화합성의 다음 측면으로 데려간다.

수태 시 진동 수준

지상에서의 여정 초기, 우리가 수태되어 이 세상으로 들어왔을 때 무슨 일이 벌어질까? 무엇이 우리의 부모, 태어나는 장소, 이 땅에서 살아갈 삶을 결정하는가?

한번은 내가 차리지를 만나 "수태 장소가 중요한가요? 출산 시간과 장소가 중요한가요?"라고 물었다.

그는 "모두 중요하지 않습니다"라고 대답한 뒤 곧이어 "생각해보세요"라고 말했다.

그때 그는 《마하바라타Mahabharata》에 나오는 이야기 하나를 들려주며 힌트를 주었다. 드리타라슈트라Dhritharashtra,

판두Pandu, 비두르Vidur의 아버지 라자 비치트라비르야Raja Vichitravirya에게는 두 왕비가 있었으나 불행히도 그는 불임이었다. 그가 죽은 뒤 그의 어머니는 왕실의 혈통을 이을 후계자를 남기고 싶어 했다. 점성가는 "완벽하게 상서로운 시기입니다. 왕비들이 앞으로 두 시간 동안 임신할 수 있다면 왕위를 계승하기에 손색없는 매우 존엄한 성품의 자손들이 태어날 것입니다"라고 말했다.

그래서 그녀는 리시rishi(힌두교 성자)였던 장남에게 오라고 명했다. 그는 씻지 못해 머리칼은 흘러내리고 불쾌한 냄새를 풍기는 상태로 즉시 도착했다. 리시가 첫째 왕비와 관계를 맺으러 갔을 때 왕비는 그를 보고 혼비백산해 눈을 감았다. '세상에! 이런 남자와 관계를 맺어야 한다니!' 그녀는 역겨움을 느끼며 "알겠습니다. 해야 할 일이면 어쩔 수 없지요"라고 말했다.

리시는 다시 둘째 왕비의 방으로 갔고 왕비는 마치 피가 완전히 멈춘 듯 얼어붙었다. 결국 그들은 임신했다. 그런데 첫째 왕비가 낳은 아이는 장님이었고 둘째 왕비가 낳은 아이에게는 피부가 창백한 백반증이 있었다. 출생 시 이 아이들의 조건은 수태 순간 왕비들의 태도가 결정했다.

두 왕비는 수태에 실패할 경우를 염려해 대비책을 세웠다. 그들은 하녀 중 하나에게 리시와 관계를 맺도록 요청했다. 하녀는 자신이 아이를 갖도록 리시를 보내주신 것이 무척 자랑스럽고 영광스러워 신께 감사함과 고마움을 느꼈다. 그녀가 낳은 아이가 그중 가장 현명했다.

차리지와 대화하는 동안 내게 아름다운 아이디어가 떠올랐다. 그것은 수태 순간 '부부의 태도'가 중요하다는 점이다. 수태 순간에 다른 어떤 영혼도 아닌 미래의 부모와 진동 수준이 일치하는 영혼이 특정 진동 수준을 지닌 자궁으로 내려온다. 그들의 진동은 일치한다. 이는 철 가루가 자석에 끌리는 것과 같다. 이것은 특정 영혼의 진동 청사진이 부모가 제공하는 청사진에 끌리는 자연스러운 과정이다. 부모의 태도가 모든 차이를 만든다. 마치 자물쇠와 열쇠의 관계 같다. 당신은 그때 당신 가족의 운명을 결정하고 있었다. 그 순간 초미세 진동 수준을 만들 수 있을까? 아니다. 수태 순간 당신이 가족으로 예수님이나 비베카난다를 원한다고 해서 그렇게 만들 수는 없다. 수년 전부터 준비해야 한다.

일단 영혼이 하강하면 점성술에 따라 특정 운명을 만들기 위해 제왕절개로 출생 시간을 조작하는 것은 너무 늦다.

아기는 이미 자기 삼스카라의 짐을 지고 있다. 그 삼스카라가 펼쳐진 이후 출생 시간 조작이 무슨 소용 있겠는가? 삼스카라의 짐이 벌써 존재하기에 출생 시간 그 자체는 중요하지 않다. 육신을 갖추고 태어날 영혼은 이미 도착해 있다.

진동 수준과 명상

우리가 부모의 진동 수준에 따라 출생하는 것처럼 앉아서 명상할 때 우리는 영적 상태를 받도록 진동 장의 캔버스를 준비한다. 어떤 의식 상태인가? 잠시 시간을 내 아침에 명상할 때 당신이 만든 캔버스를 생각해보자. 당신의 태도는 어떠한가? '눈 감고 있는 걸 어머니가 보고 있을까'라고 생각했는가? 당신이 서두를 때, 출근이나 등교 준비를 위해 빨리 명상을 마쳐야 할 때, 무슨 일이 생기는가? 아마 진정으로 온 마음을 다해 명상하고 싶지만 정말로 시간이 촉박할 것이다. 어떻게 창조적인 상태가 올 수 있겠는가?

적어도 《마하바라타》에 나오는 두 왕비는 눈먼 아이와 약한 아이라도 임신했다. 당신은 어떤 상태를 만들어낼 수 있는가? 당신이 서둘거나 열의 없이 명상하면 그건 불가능하다. 때로는 멋진 상태를 만들지만 그 상태는 임신 초기에 아이를 유산하는 것처럼 사라지고 만다. 생활양식에 무신경할 경우 이런 일이 일어난다. 아주 아름답게 명상한 뒤 당신 상태를 흡수하지 않고 곧장 세상 밖으로 나가면 당신의 상태는 사라진다.

이것을 기도하는 마음이 가득한 상태로 침실에 들어가, 일찍 일어나서 가슴 가득 사랑을 담아 명상하며 사랑하는 사람들을 만나리라는 염원으로 잠드는 사람과 비교해보자. 당신은 상쾌한 마음으로 일찍 일어나 가슴 가득 사랑과 강렬한 염원을 품고 있다. 현재 당신의 의식은 어떤 상태인가? 영적 상태를 받기 위해 당신은 어떤 캔버스를 만들었는가? 명상하고, 그 상태를 얻고 acquire, 시간을 들여 그 상태를 생생하게 만들고enliven, 스며들고imbibe, 그 상태와 하나가 되고become one with it, 합일하자 merge.

관심을 기울여라

핵심은 당신이 삶을 살아가는 방식에 관심을 기울이는 데 있다. 그것이 운명의 모든 것이기 때문이다. 칼릴 지브란은 그의 책 《예언자The Prophet》에 "일이란 사랑을 눈에 보이게 만든 것이다. 당신이 사랑으로 일하지 않고 혐오로 일한다면, 일을 그만두고 사원의 문 앞에 앉아 기쁨으로 일하는 사람들의 자선을 받는 것이 더 낫다"라고 썼다. 명상도 그렇다. 사랑으로 명상하고, 관심을 기울여 명상하라. 평정심, 집중 그리고 열정은 운명을 디자인하기에 적합한 진동장을 만드는 데 큰 도움을 준다. 인생 궤도를 바꾸는 데는 그다지 커다란 노력이 필요치 않다. 사실 이것은 머리를 한쪽에서 다른 쪽으로 돌리는 것만큼이나 간단하다.

우리가 진정 무엇을 원하는가에 많은 것이 달려있다. 우리는 흥미 있는 일을 할 시간은 반드시 찾아낸다. 반면 관심이 없으면 시간이 있어도 도망치려 한다. 그러니 시간을 내는 것은 문제가 아니다. 관심이 있는가? 그렇다면 시간을 낼 것이다. 교육, 직업, 그 밖에 다른 영역에서 성공하는 것과 마찬가지로 영성에서도 성공은 다음 세 가지 원칙에 달렸다.

진정 그것을 원하는가? 관심이 있는가?

헌신하는가?

그것을 위해 무엇을 하고 있는가?

우리 삶이 이 세 가지 원칙을 따르면 지금 여기서 절대적 균형과 깨달음이라는 드높은 목표를 쉽게 달성하리라고 본다.

동시에 우리의 의식 진화는 우리가 의무와 활동을 잘 수행하도록 돕고, 사람들은 사업과 학업과 가족생활에서 우리가 하는 모든 사소한 일에도 경탄할 것이다. 이 완벽함은 서서히 우리의 인간관계와 직업에도 스며든다. 따라서 세속적 수준에서도 균형을 잃지 않도록 명상에 정서적 에너지를 투자하는 것은 가치 있는 일이다.

우리가 드높은 경지의 영성에 도달한 뒤에도 명상해야 하는 여러 가지 이유가 있다. 우리는 자신을 위해 목표를 성취하는 것 외에 다른 사람들을 위해서도 명상할 수 있다. 명상하면서 어떤 사람을 생각할 때마다 그 사람도 기적적인 방식으로 우리 상태의 영향을 받는다. 우리가 명상할 때 어떤 사람이 우리를 생각한다면 우리 의식이 저절로 그들의 가슴에 가 닿는다. 덕분에 그들도 편안함과 평화로움을 느낀다. 이처럼 명상은 우리 가슴에 혁명을 일으키고 큰 평화와 고요함을 가져올 뿐 아니라, 어떤 식으로든 우리와 관련이 있다는 단순한 사실만으로도 적극 명상하지 않는 다른 사람들에게 도움을 준다.

어느 날 나는 젊은이들에게 이런 질문을 던졌다.

"영적 여정은 얼마나 걸릴까요?"

한 사람이 매우 훌륭한 대답을 했다.

"눈 깜박할 사이입니다."

이것은 우리가 한순간에 가장 높은 경지를 성취할 수 있음을 의미한다. 다른 사람은 다음과 같이 말했다.

"영원합니다. 끝이 없습니다."

두 사람 모두 옳다.

우리는 사랑으로 무한히 확장하며, 눈 깜박할 사이에 제로 상태로 무한히 수축해 그 안에서 완전히 사라진다. 이것 역시 무한infinity이다. 이러한 수축과 확장은 우리가 사랑으로 확장하고 작은 것으로 수축하는 끊임없는 과정이다. 이 움직임은 계속 이어져야 한다.

우리 영혼은 진정 위대한 것을 갈망한다. 이는 요가에서 사마디라는 궁극적 하나됨 상태를 향한 갈망이다. 사마디는 '창조물이 존재하기 전 만연하던 것'을 의미한다. 사마디는 요가의 목표인 본래 상태와 하나가 되는 균형과 순수함의 내적 경험으로 여겨진다. 요가 수행을 하는 동안 우리는 본래 상태로 가는 여정에서 진보하며 사마디의 다양한 단계, 모습과 만난다. 사마디는 궁극적인 영적 이완이자 애쓰지 않는 집중이며 요가에서는 이를 인간 존재의 목표로 간주한다.

우리가 내면의 절대적 균형을 성취하기 전까지, 아니 그것을 성취하지 않는 한 영혼은 우리가 살아가며 행하는 모든 것에서 일종의 결점을 발견할 것이다. 우리가 모든 활동, 즉 세속적인 것과 영적인 활동 모두에서 사마디 상태를 성취하면 세속적 관점에서 실패한 것처럼 보이는 시기에도 그 자체로 진정한 행복이 찾아온다. 우리는 흔들리지 않는다. 매일 이러한 사마디 상태를 초대하고 그것을 영속 상태로 만들자. 이것이 하트풀니스, 즉 가슴의 길이다.

이 웅장한 진화와 운명의 모험에서 여러분 모두 건승을 기원하며, 궁극의 목적지를 향한 그 장엄한 여정의 길동무가 되어 여러분과 함께하길 희망한다.

감수자의 글

이 웅장한 진화와 운명의 모험에서
우리 모두의 건승을 기원하며,
궁극의 목적지를 향한 그 장엄한 여정의 길동무가 되어
여러분과 함께하길 희망하신다는 Daaji의 초청장을
모두에게 선물로 나누어 드리겠습니다.

이생에서 인간의 몸으로 태어나 영성을 이해하고
수행으로 우리 모두 그곳에 도착하기를 기도합니다.

살다가 힘들고 지치는 때를 만나거든,
하트풀니스 명상 트레이너, 프리셉터를 찾으십시오.
함께하겠습니다.

가능하다면, 성인을 친견하십시오.

당신의 삶이 그분처럼 되기를 바랄 것입니다.

그대로 명상하십시오.

그대로 안정되십시오.

지금 그대로 행복하십시오.

감수자 문진희

(사) 한국하트풀니스명상협회 대표

www.heartfulnesskorea.org

용어 정리

가잘ghazal 사랑의 아름다움과 사랑하는 이와 이별하는 고통을 노래하는 찬미시, 노래.

구나gunas 인도 철학학파에서 말하는 자연의 세 가지 특성: 사트sat, 라즈raj, 탐tam

구루Guru 빛과 지식을 전하는 사람, 영적 스승.

구루쿨라gurukula 학생들이 구루와 함께 사는 고대 인도 교육 시스템.

냐너 요가 Jnana Yoga 지식, 지혜와 관련된 요가의 길 또는 측면. 냐너 요가는 영적 여정에서 모든 차크라에 만연한 상태를 실질적으로 깨닫는 것이다. 즈냐나 요가라고도 한다.

냐너jnana, **기얀**gyan, **갸나**gyana 지식. 생각하고 숙고하고 좋은 행동을 보이는 능력.

니야마Niyama 고귀한 성품을 길러 행동을 다듬는 것. 파탄잘리의 아슈탕가 요가의 두 번째 가지.

다라나Dharana 생각, 의도의 흐름을 내면으로 정렬하기. 파탄잘리의 아슈탕가 요가의 여섯 번째 가지.

디아나Dhyana 중심에 이르기 위해 마음을 조절하고 의식의 스펙트럼을 확장하는 것. 파탄잘리의 아슈탕가 요가의 일곱 번째 가지.

라자식rajasic 라즈raj와 관련되고 라즈를 촉진하는 것으로 세 가지 구나 중 하나다. 활동, 욕망과 관련이 있다.

마나스manas 마음. 네 가지 주요 미묘체 중 하나로 묵상적 사고와 느낌 기능.

마하바라타Mahabharata 판다마 세력Pandavas, 카우라바 세력Kauravas, 주 크리슈나Lord Krishna가 관련된 인도 역사의 위대한 전쟁 서사시.

마하사마디mahasamadhi 진화한 영혼이 몸을 떠나 더 밝은 세계에 있는 영적 실체와 합일하는 마지막 사마디(삼매).

만트라mantra 때때로 반복되는 소리. 특히 신성한 소리, 단어 또는 문구.

바유vayu 공기, 공기 원리.

바이라갸Vairagya 무집착, 포기.

붓디buddhi 마음의 분별 도구, 지성intellect, 지력intelligence. 붓디는 직관, 지혜, 더 높은 무지ignorance를 포함하도록 진화한다. 네 가지 주요 미묘체 중 하나.

사마디(삼매)Samadhi 본래의 균형 상태. 비존재를 깨달음. 중심에서 절대적 균형 상태. 파탄잘리의 아슈탕가 요가의 여덟 번째 가지이자 요가 수행의 최정점.

사트-치트-아난드sat-chit-anand 존재-의식-지복. 천 개의 꽃잎이 있는 연꽃인 사하스라-달-카말sahasra-dal-kamal과 관련된 상태.

사트빅sattvik 사트sat와 관련된 것으로 세 가지 구나 중 하나. 평화, 고요함, 고귀함을 촉진하는 구나다.

사하즈sahaj '자연스러운'이라는 뜻. 사하즈 사마디는 자연스러운 삼매다. 예를 들어 본래의 균형 상태에 있으면서 동시에 세상에 완전히 깨어있고 활동적이며, 360도 전방위 의식이 있는 상태.

삼스카라samskara 인상.

상칼파sankalpa 의도가 뒷받침하는, 미묘하고 기도하는 마음으로 하는 암시suggestion.

샤스트라shastra 성서, 경전.

수리야 나디 Surya Nadi 신체의 세 가지 주요 에너지 채널 중 하나로 태양, 교감신경계, 호흡을 위한 오른쪽 콧구멍, 몸의 오른쪽 활동과 관련된다. 핑갈라 나디Pingala Nadi라고도 한다.

수리야 나마스카르 Surya Namaskar 태양을 경배하기 위해 수행하는 우아한 자세 시리즈.

수슘나 나디 Sushumna Nadi 척수를 따라 곧게 뻗어있는 신체의 중앙 나디Nadi. 프라나 흐름의 중심 채널. 균형, 대칭과 관련이 있다.

수슙티sushupti 네 가지 의식 상태 중 하나. 꿈을 꾸지 않는 상태에서 깊은 수면 의식에 있는 것으로 묘사한다. 이 마음 상태에 도달하면 망각 상태forgetful state에 머물면서 신과 긴밀한 교감을 나눈다.

수크쉬마 샤리르sookshma sharir 미묘체, 아스트랄체 또는 가슴-마음.

스툴라 샤리르sthoola sharir 육체.

슬로카sloka 시.

아사나Asana 자세 정렬. 파탄잘리의 아슈탕가 요가의 세 번째 가지.

아슈탕가 요가 Ashtanga Yoga 파탄잘리가 8개의 가지 또는 단계로 이뤄진 요가를 설명한 것으로 8개 가지는 야마Yama, 니야마Niyama, 아사나Asana, 프라나야마Pranayama, 프라티아하라Pratyahara, 다라나Dharana, 디야나Dhyana, 사마디(삼매)Samadhi를 말한다.

아한카르ahankar 정체성, 에고, 의지. 네 가지 주요 미묘체 중 하나.

안타카란antakaran 내면의 존재. 생각과 느낌의 내적 원인 또는 기원. 산스크리트어인 안타르antar에서 기원한 단어.

야마Yama 행동 개선. 원치 않는 습관 제거. 파탄잘리의 아슈탕가 요가의 첫 번째 가지.

에그레고어egregore 집단적인 사고체, 감정체, 또는 진동장. 우리의 집단적 사고와 느낌으로 형성된다. 에그레고어는 분위기를 만든다.

에카다시Ekadashi 음력 주기에서 보름달과 초승달이 뜬 뒤 열한 번째 날로, 일반적으로 힌두 달력에서 금식하는 날이다.

열반Nirvana 고통, 욕망, 자기감sense of self이 없는 초월 상태. 카르마의 영향, 생사의 순환에서 해방된 상태다. 불교의 최종 목표를 나타낸다.

요가Yoga '융합, 결합'을 의미. 하위 자아와 상위 자아 또는 신과의 결합으로 이끄는 수행과 철학.

요가 수트라 Yoga Sutras 요가의 원리들을 설명하는 논문으로, 위대한 현자 파탄잘리가 쓴 196개의 수트라sutras(원칙, 규칙, 격언)를 담고 있다. 특히 요가 수트라는 아슈탕가 요가의 8개 가지를 소개한다.

이다Ida 척추 왼쪽에서 시작하고 끝나는 나디Nadi 또는 미묘한 에너지 흐름으로 달, 부교감신경계와 관련이 있다. 찬드라 나디Chandra Nadi 참조.

자파japa 신에 관한 기억. 종종 신의 이름 또는 만트라를 반복하는 형태로 나타난다.

찬드라 나디 Chandra Nadi 몸의 세 가지 주요 에너지 채널 중 하나로 달, 부교감신경계, 호흡에서 왼쪽 콧구멍, 몸의 왼쪽, 휴식, 수면과 관련이 있다. 이다 나디Ida Nadi라고도 한다.

치트chit 의식. 네 가지 주요 미묘체 중 하나로 우리가 진화하면서 정화되고 확장한다.

카라나 샤리르 Karana Sharir 인과체 또는 영혼. 미묘체와 육체의 원인이다. 감각, 운동기관, 마음을 형성하는 모든 씨앗을 품고 있다.

카르마karma 행위. 행위의 결과, 행위의 결실 또한 카르마라 한다.

케나 우파니샤드 Kena Upanishad 주요 우파니샤드 중 하나로, 속성이 있는 브라만과 속성이 없는 브라만 논의로 유명한 베다 산스크리트어 문헌이며 순수한 지식을 다룬 논문이다.

타마식tamasic 탐tam과 관련되고 탐을 촉진하는 것으로 세 가지 구나 중 하나다. 무기력, 게으름, 둔함, 미루기와 관련이 있다.

타바조tavajjo '주의attention'를 의미하며 다리어(페르시아어)로 전송(트랜스미션) 또는 프라나후티pranahuti를 말한다.

투리야Turiya 네 번째 상태. 다른 세 가지 상태는 자그라트jagrat - 각성 상태, 스왑나swapna - 꿈 상태, 수슙티sushupti - 깊은 수면 상태이다.

투리야팃Turiyatit 투리야 상태를 초월하여 영혼이 신과 하나가 되고 투리야 상태가 일상생활로 확장되는 상태.

판차 부타pancha bhutas 고대의 다섯 가지 자연 원소. 흙, 물, 불, 공기 그리고 에테르. 가슴 영역 안에 있는 각 차크라는 이 요소들 중 하나의 지배를 받는다. 흙은 1 차크라, 에테르는 2 차크라, 불은 3 차크라, 물은 4 차크라, 공기는 5 차크라.

프라나prana 에너지, 생명, 숨.

프라나스야 프라나pranasya prana 말 그대로 '생명 속의 생명'. 케나 우파니샤드에서 프라나후티pranahuti를 설명하는 데 사용한 용어.

프라나야마Pranayama 에너지 몸의 정돈. 에너지와 호흡breath 정렬하기. 파탄잘리의 아슈탕가 요가의 네 번째 가지.

프라나후티pranahuti 요가 트랜스미션. 생명을 뜻하는 프라나prana와 바친다는 의미의 아후티ahuti에서 기인한 용어. 구루의 가슴에서 제자의 가슴으로 생명력을 제공하는 것.

프라티아하라Pratyahara 주의력 정돈. 감각을 내면으로 정렬하기. 파탄잘리의 아슈탕가 요가의 다섯 번째 가지.

핑갈라Pingala 척추 오른쪽에서 시작하고 끝나는 미묘한 에너지 흐름 또는 나디Nadi. 태양 및 교감신경계와 관련이 있다. 수리야 나디Surya Nadi 참조.